解陰×避煞

跟陰煞說掰掰！

必備寶典

解陰、避煞的必備指南，教你遠離負面能量！
卡陰沖煞原因大解析，最終原因竟是自己？

妙清居士◎著

　　常有讀者及友人來電問我：「常覺得她（他）身體不適，常容易疲憊、倦怠、記憶變差、脾氣不穩、精神無法集中、覺得中暑或感冒則連續數日。在黃昏時有點發燒，甚至到了晚上覺得很累、很想睡，卻睡不著。聽朋友說，這種狀況有可能是卡到陰煞了，而卡陰之事防不勝防，要找靈學的老師來處理陰煞之事才可化解。」

　　也有人問我：「為何有人才剛處理完，隔天一樣卡陰？」或是：「為何她（他）問別家都一樣，都說再卡到陰煞與否，跟人的體質有關？」身為現代人的我們，都需要更加了解，如何自保身和處理陰煞之事，因為只要經過處理化解陰煞後，第二天就會恢復，疲憊、倦怠，感冒也會不藥而癒。

　　除了卡陰之事，有一點是可以確定的，身體常不適、給醫生看檢查後身體沒病痛，請靈學老師看了才知道有冤親債主纏身來追討前世、累世這些「債務」。

　　每個人的肉身在死亡後，佛家稱謂：「六道輪迴」靈魂都會依著今世的果報再去投胎轉世，或是尋找前世的父母或前世的兒女甚至是仇人等。這關係糾葛著恩、怨、情、仇，有來報恩或報仇討債。

　　冤親債主既然是今世、前世、累世肉身所犯下錯誤，導致這些靈不甘心，積怨在心，於是向地府閻羅王控告請領了「黑地令」要來追討這些「債務」，所以冥冥之中就會讓「債主」感覺：一年常感冒，又被說卡陰，身體不適，或者怪病、家庭不睦、事業不順等。

嚴格來說，卡陰與冤親債主很相似，卡陰處理簡單而冤親債主較複雜點，必須請正神及更高明的靈學老師共同處理找出冤親債主的問題，並使用正確的處理方式解決，讓冤親債主甘願的交回（黑地令），方可一勞永逸。

　　請隨身配戴小型「普巴杵」保平安，我們只要有個正心、正念、正覺的心態常做好事行善，回向給無形法界，阿彌陀佛。

道號：妙清居士

經歷
　　觀護問題青少年、輔導講師

現職
　　荷花國際慈善基金會　董事長
　　荷花教育聯誼會　導師
　　心靈解困　指導老師

專長
　　堪輿學、八字命理、姓名學、食療改運、擇日安神、心靈解困……等。

著作
　　《拜拜必備寶典：學會正確拜拜的第一堂課》、《拜月老廟求姻緣》、《與幸福有約》、《靈動數字：強化運勢的祕法》、《招財進寶》。

目錄
Content

Part 01

了解三界及陰煞

10 了解天、地、人三界

12 了解磁場

13 負面磁場產生的原因

14 人體的七大脈輪

17 了解停留在人界的陰靈

18 以為自己尚未過世

18 怨恨他人

18 掛念人界的人事物

19 未完的遺願

19 無法接受自己死亡

19 留在人界修練

20 陰煞的差別及產生原因

Part 02

關於沖煞

24 什麼是煞氣

25 被沖到煞的原因

25 沖煞後的影響

26　環境沖煞

27　風水煞

　　28　路沖煞　　36　屋角煞
　　30　鐮刀煞　　38　孤陽煞
　　32　壁刀煞　　40　鬥口煞
　　34　天斬煞　　42　壓梁煞

44　動土沖煞

46　事故現場沖煞

47　節氣沖煞

48　農民曆的出現

　　48　農民曆的使用方法
　　49　節氣沖煞的影響
　　49　預防節氣沖煞的方法

50　婚禮沖煞

51　新娘被沖到煞的狀況

　　51　日煞
　　52　生肖屬虎的親友觀禮
　　52　新人結婚當日沖白虎煞
　　52　喪家出席婚禮

53　親友被沖到煞的狀況

　　53　已訂婚者
　　53　新婚者
　　53　孕婦或仍在坐月子的婦女
　　53　親友受到新娘神沖煞
　　53　親友當日沖煞

54　喪葬沖煞

55　空棺煞

56　入殮沖煞

　　56　小殮沖煞
　　56　大殮沖煞

56　出殯沖煞

　　56　喪屬煞

57　避煞的方法

58　預防煞氣的方法

59　化解風水煞氣

　　60　盆栽　　62　葫蘆
　　60　屏風　　62　水晶球
　　61　鹽燈　　63　八卦鏡
　　61　風水簾　　63　山海鎮

Part 03 / 關於卡陰

66　什麼是卡陰

68　受陰靈侵擾的原因

69　冤親債主

71　動物靈

72　卡到無意間冒犯的陰靈

74　遭人下符咒、降頭

75　神像遭到陰靈入靈

76　心念

78　修行方法錯誤

79　祖先靈干擾

85　易受陰靈侵擾的地點

86　缺乏陽光照射的地方

88　曾有人往生處

94　荒郊野外

97　人煙稀少的地方

98　其他地點

100　易受陰靈侵擾的時間點

101　農曆七月

102　情緒低落壓力大的時候

103　身體較虛弱的時候

104　易受陰靈侵擾的人

105　身體狀況不佳

105　修行者

106　靈逼體

107　欲望強，妄念重的人

108　體質敏感的人

109　受陰靈侵擾後的影響

110　精神層面的影響

110　生活上的影響

111　對運勢的影響

111　生理層面的影響

113　卡陰超過兩周以上的影響

114　預防陰靈的方法

115　配戴或放置水晶、硨磲、碧璽等能量石

115　向神明祈求平安符

117　種植艾草或芙蓉葉

Part

04 解陰避煞的方法

120 除陰化煞 DIY

121 鹽米法

122 薰艾草條

123 燒黃高錢

124 空間檢測與淨化

125 空間檢測法

　　125 蠟燭、薰香、線香
　　　　檢測法

　　126 靈擺檢測法

126 空間淨化法

　　126 精油、純露淨化法

　　128 鹽米法

　　128 燒艾草

　　128 靈擺淨化法

　　129 光屋

　　129 鹽燈

130 調整身心靈

131 規律生活

　　131 充足睡眠

　　131 養成運動的習慣

　　131 親近自然

132 觀想

133 冥想

Part

05 附錄

136 土地公祭拜方法

138 地基主祭拜方法

139 節慶祭祖的方法

141 節慶祭拜倒房祖先的方法

142 遷移祖先牌位的方法

144 安祖先牌位

146 求平安符的方法

147 求籤詩的方法

148 Q&A

Part 1

了解三界及陰煞

了解天、地、人三界 ╱ 了解磁場　負面磁場產生的原因、人體的七大脈輪 ╱ 了解停留在人界的陰靈　以為自己尚未過世、怨恨他人、掛念人界的人事物、未完的遺願、無法接受自己死亡、留在人界修練 ╱ 陰煞的差別及產生原因

01

了解天、地、人三界

　　道教將宇宙分為三界，分別為天界、地界、人界，而在不同的
世界中，則有不同的領袖統管著。

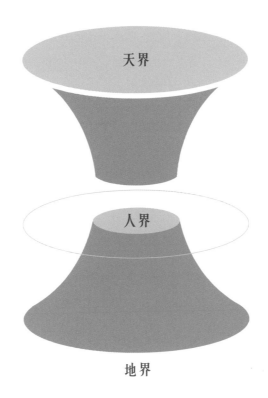

1. **天界：**

   又稱為天庭，也為修道成仙者歸去的地方。一般認為由神明掌管宇宙萬物，含日月星辰、水火地風。

2. **人界：**

   又稱為人間、陽間、陽界等，主要為人類、萬物等生命體生活的地方，但在人界也存在著外靈（含神明分靈、陰靈等），以陰靈為例，當靈魂與身體分離後，若靈魂對這世上有強烈的執念，則會停留在人界不肯離去。

3. **地界：**

   又稱為陰間、幽界、陰府等，主要為靈魂生活的地方，也是地府眾神賞罰靈魂的地方。

02

了解磁場

　　人的周圍都環繞著磁場，這種磁場有正面和負面的能量，而影響磁場成為正面或是負面能量的原因包含：個人的觀念、信仰、慾望，甚至是睡眠等，都會影響人們的磁場。

　　如果一個人擁有好的磁場，就會吸引好的事情；但如果一個人一直抱持著負面的想法，相對來說，就會吸引不好的事情，且負面的磁場容易使人們的身體變得衰弱，心理層面感到不安、消極。

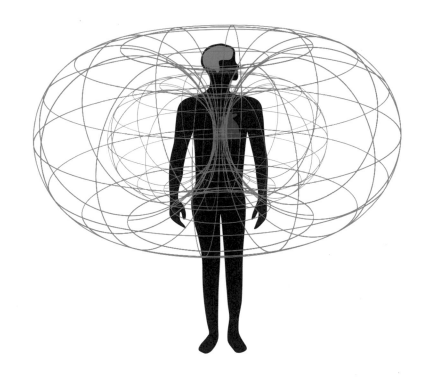

▌負面磁場產生的原因

　　當人們遭遇不尋常的事件時，往往會心跳加速、呼吸急促，導致磁場混亂進而在身體裡產生負面的能量。

　　不協調的空間內會使空氣流動異常形成風切；也會使磁場產生負面的能量，使人們感到寒冷或其他不適的感受。

　　這種負面磁場產生的能量也就是俗稱的煞氣，會在瞬間使自己感到身體不適且留下病根，也會令人感到內心不安而影響自己的磁場。但如果一個人擁有足夠的修養，能保持身心靈的協調，就不易被陰靈或是煞氣干擾。

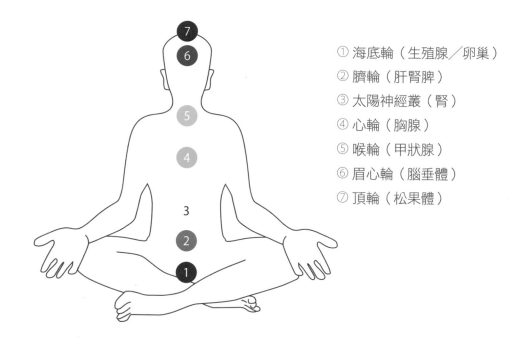

① 海底輪（生殖腺／卵巢）

② 臍輪（肝腎脾）

③ 太陽神經叢（腎）

④ 心輪（胸腺）

⑤ 喉輪（甲狀腺）

⑥ 眉心輪（腦垂體）

⑦ 頂輪（松果體）

▍人體的七大脈輪

　　古代印度對人體構成的概念是用七大脈輪區分，這種概念是修練身心靈的印度瑜珈的基本架構，現今世界各地仍然有許多人將脈輪作為提升心靈能量的方法。

　　脈輪是連結心靈能量和肉體的環節，而經絡是運輸能量的管道，人體的七個脈輪是由自己的頭頂沿著脊椎一直到尾椎，分布在不同的位置。

　　每一個脈輪都有著獨特的頻率，並且由此構成每個人特殊的人體頻率，當其中一個脈輪能量阻塞或者過度活躍，都可能使人們的狀態失衡。

　　當感到身心狀態失衡時，可以配合水晶或靈擺引導阻塞的脈輪，並調適脈輪的能量，也可用適合的精油按摩穴道，或者透過觀想與冥想等方法，讓人們提高脈輪的能量，使各脈輪運作流暢。

　　當人們有足夠的能量以及自我調適的能力，就能避免陰靈持續侵擾，或者受到煞氣衝擊使身心失衡，以下介紹各脈輪所代表的能量。

◆ 海底輪（紅）

位在會陰的位置，主掌著人的生命力、生存意志和欲望，以及穩定感、安全感。當海底輪運轉流暢時，人們會感到安定，並且保持積極正向的心態。

若海底輪衰弱，人們會缺乏安全感甚至對未來感到恐懼，喪失鬥志，容易倦怠；反之，若是過於活躍，則會產生貪欲和妄念。

◆ 臍輪（橙）

位在肚臍下方三指的位置，也就是自己的丹田，主掌著人的情感、信任感及性欲。當臍輪運轉流暢時，人們對人際關係和親密關係的態度會傾向開放。

若臍輪衰弱，人們對他人會過於冷漠；反之，如果過於活躍，則使人易情緒化。

◆ 太陽神經叢（黃）

位在胸骨最下方的位置，左右兩邊肋骨交會處，主掌著勇氣、自信和身體的爆發力，當太陽神經叢流暢運轉時，人們就能在社會上充滿自信地表達自我。

當此脈輪衰弱時，人們則會缺乏自信心，面對選擇、決策時猶豫不決；反之，若是過於活躍，則會使人們控制欲過強。

◆ 心輪（綠）

位在胸腔中間的位置，與心臟同樣高度，主掌著同理心及愛人與被愛的能力。當心輪運轉流暢時，人們能相信他人並分享自己的感受，也能愛人並感受被愛。

如果心輪衰弱，人們會變得容易猜忌旁人，對於自己或他人的情感麻木不仁；反之，若是過於活躍，則會使人變得濫情。

◆ 喉輪（藍）

位在頸部喉嚨的部位，主掌溝通、說服力等自我表達能力。當喉輪運轉流暢時，人們能自在的溝通、表達自己的想法。

如果喉輪衰弱，人們就會壓抑自我；反之，若是過於活躍，則會讓人變得自以為是，在溝通時會太過強勢。

◆ 眉心輪（靛）

位在眉毛中間的位置，主掌直覺、第六感及辨識能力。當眉心輪運轉流暢時，人們就能客觀的獨立思考，同時具備洞察力。

如果眉心輪衰弱，人們可能會缺乏獨立思考以及分析事物的邏輯；反之，若是過於活躍，則可能會迷失在幻想的世界。

◆ 頂輪（紫）

位在頭頂的百會穴，主掌精神和自然、宇宙連結，從而獲得更高層次的智慧及能量。當頂輪運轉流暢時，人們對內在的探索、覺察會更清晰，並且相信自己內在靈性的引導。

如果頂輪衰弱，人們的思維較容易受到干擾，重視物質層面而忽略精神世界，也容易感到憂慮、恐懼甚至導致失眠；反之，若是過於活躍，則會引起頭痛，性格趨向傲慢，或者造成人們的能量過於集中在頂輪，使其他脈輪變得衰弱。

03

了解停留在人界的陰靈

　　一般靈魂知道自己已經過世的事實就會前往陰界，長時間停留在人界的靈魂，大多數是對生前的人、事、物仍有放不下的執念，而沒有前往地界，因此成為停留在人界的陰靈。

　　陰靈的執念大多來於生前最深刻的記憶，但記憶會隨著時間淡忘，所以如果陰靈停留在人界的時間過久，執念會變得比較單一，這種執念也可能會成為祂們最深刻的記憶。

　　這種執念包括對親友的牽掛，生前未完的遺願，及對他人的怨恨等，但除了執念外，也有因為無法接受死亡等原因，讓祂們繼續停留在人界。

▋以為自己尚未過世

有些陰靈不知道自己已經往生，所以仍然以能量體的型態停留在人界，以為自己仍舊在進行之前生活所從事的事務，而沒有前往地界，這種情況通常是在人過世不久後發生，一般不會持續太久。

當人們為逝世者治喪等儀式，也是藉此告知並且撫慰逝世者的亡魂，使祂們前往地界安息，如果親人沒有進行治喪儀式，或者儀式過程中沒有確實告知亡魂，都有可能造成亡魂不知道自己已經過世的情況，持續在停留人界。

▋怨恨他人

若是陰靈生前受到他人的傷害，不論是直接或間接導致死亡，都有可能使陰靈怨恨傷害祂的人，抱持著復仇的執念而不願意前往地界。

強烈怨念可能會成為陰靈唯一的執念，導致遺忘其他生前的經歷，且在完成復仇之前都會留在人界。

而這種出於他人種下惡因所導致的結果通常是最難以處置的狀況，對人們造成的傷害也最大，只能請專業且正派的神職人員設法渡化陰靈才能化解因果，讓祂前往地界。

▋掛念人界的人事物

有些陰靈是因為過世時，有非常掛念的人、事、物，導致祂們不願意前往地界，所以選擇繼續停留在人界，因此親友須在喪禮與亡靈告別，讓祂們放下生前的牽掛和包袱，安心地到地界，避免祂們過於掛念親友而無法安息。

這種情況不只發生在人類過世後，其他生命體也可能會發生類似的情形，例如寵物過世後成為動物靈，希望再陪伴主人而短暫回到家中的情況，但一般動物靈的能量較低，所以不會持續停留在人界太久。

未完的遺願

如果人過世時，因這一生還有未完的遺願，所以無法放下生前的遺願前往地界時，這種遺願就成為陰靈的執念。

所以為了避免逝世者過於執著未完的遺願，大部分的親友都會在親人過世前，承諾親人將會完成遺願，讓親人放下包袱安心離開。

若是發現先人因為這樣的執念而沒有離開，可以嘗試完成祂的遺願，或者說服祂放下執念；如果是遇到的陰靈有這樣的執念，則可尋求專業、正派的神職人員協助渡化，不建議自行幫助陰靈完成遺願。

無法接受自己死亡

有些人的生命過早結束，所以不願接受自己已經過世的事實而陷入悲傷或憤怒等情緒，致使祂們不願意前往地界，因此持續停留在人界。

等到祂們能夠接受事實並且放下人界的一切後，才會回到地界，但因每個陰靈的際遇不同，所以停留在人界的時間長短則都不相同。

留在人界修練

有些陰靈以為人界就是修練得道的空間，因為祂們希望能經過修練提升自己，甚至升格為神或超脫輪迴，所以持續停留在人界。

祂們通常會待在宮廟外圍聽經聞法，若是遇到靈感比較強的人，祂們有可能詢問人們是否共修的意願，有些人會誤以為前來要求共修的陰靈就是守護天使、指導靈，因此讓陰靈跟在身邊導致嚴重卡陰。

一般而言，陰靈的能量屬於陰暗的磁場，如果持續留在人界，除了會影響陰靈本身的磁場外，對人類的磁場也會產生負面的影響，所以不應與陰靈共修。

04
陰煞的差別及產生原因

　　如果人們的情緒或心念與陰靈的執念產生共鳴，磁場就會和陰靈產生連結，甚至會因此受到陰靈侵擾，所以保持正面思考就能避免一些接觸到陰靈的可能性。相對來說，如果人們能保持身心靈的平衡，當自己進入到不協調的空間時，就能使自己較不易受到煞氣的干擾。

　　卡陰和沖煞部分的現象和影響類似，所以人們常將這兩種情況混淆，甚至認為是完全相同的事情。但實際上，沖煞是人們受到驚嚇時，心靈突然受到瞬間的衝擊，使呼吸急促混亂而引起身心靈失衡，與卡陰的影響情況有些不同。

　　卡陰是陰靈持續跟在人們身邊而造成負面影響；沖煞則是人們受到負面能量瞬間衝撞，使人們感到極度不適。

卡陰的因素主要是人們的心念、磁場及過去的因果與陰靈有所連結；沖煞的主因則是由環境、氣候等外在因素形成的煞氣，也就是負面能量所引起。

　　這兩種負面能量與人們接觸的原因和方式有些許不同，所以預防的方法也會有所差異。像是預防卡陰的方法，如：向神明請求平安符，即可免於一般的陰靈卡在身上；避免沖煞的方式，則是需要避開煞氣衝擊的地點和時間，或是放置山海鎮等。

　　另外，當人們的氣場充足飽滿，想法比較正向且堅定時，自然不會受到陰靈侵擾，也不容易被外界的煞氣所衝擊。

Part 2

關於沖煞

什麼是煞氣　被沖到煞的原因、沖煞後的影響 ╱ 環境沖煞　風水煞、動土沖煞、事故現場沖煞 ╱ 節氣沖煞　農民曆的出現 ╱ 婚禮沖煞　新娘被沖到煞的狀況、親友被沖到煞的狀況 ╱ 喪葬沖煞　空棺煞、入殮沖煞、出殯沖煞、避煞的方法 ╱ 預防煞氣的方法　化解風水煞氣

01

什麼是煞氣

　　煞氣是由原本協調的環境中出現不協調的磁場，而當人們進入到不協調的環境時，就有可能被煞到，加上煞是立即性的衝擊，所以當人們被沖到煞時，有可能造成身心靈無法正常運作。

　　但煞氣其實沒有區分好或是不好的能量，只要是違反常態的空間，且讓身體受到極大的衝擊時，就有可能讓人沖到煞。以磁場為例，不管該空間的磁場是好還是壞，當身體沒辦法承受過強的磁場時，就會被沖到煞。

　　所以注意到這個狀況的人類，開始觀察目前所處的環境是否協調，以及是否因為時間、節氣而沖到煞，或是進行特定儀式（如：婚禮、殯喪）時，當人們進入到這些環境是否會沖到煞。

▌被沖到煞的原因

　　當人們的身心突然受到外在的環境，或突發事件等不協調的因素衝擊造成呼吸不順、過度換氣、氣喘等情形，甚至在受到過大的衝擊時，會在幾日內病重過世。

　　雖然環境是沖煞的主因，但若人們本身的體質較虛弱，或磁場不穩定，那麼煞氣對人們的影響就會更大，當影響過大，無法自行解決時，就要透過收驚或其他宗教儀式安撫心靈才能恢復平常的狀態。

▌沖煞後的影響

　　沖煞有可能在短時間內使人感到身體不適，看醫生卻又找不出病症，頭腦昏沉，內心不安，運勢低落，小病痛會惡化為重症。在民俗信仰觀念中認為煞會讓靈魂受到驚嚇導致身心靈無法正常運作。

　　但也會因沖煞類型不同，而產生不同的症狀，所以可藉由觀察自己的症狀及身心狀態，再回想近日出入的場合和發生的事情，判斷是否被沖到煞，並尋求專業且正派的神職人員的幫助，使受到驚嚇的靈魂回到身上。

02

環境沖煞

　　原先的大自然界為一個協調的環境，但是因為建築物的出現，讓原先協調的環境出現不協調的空間，這空間就會聚集煞氣，當人長時間居住在不協調的環境中時，就有可能被沖到煞；或是該空間的煞氣原先就很強，當人一進入到該空間，就愈容易且愈快受到衝擊，進而被沖到煞。

　　如果人常處在有煞氣的房屋內，會容易生病，即便是原先健康狀況良好的人，也會因受到煞氣影響而突然生病，甚至發現需要開刀的病症。而兒童或者懷孕婦女，則要避免待在該環境中，以免被沖到煞。

　　沖到煞在心理上會使人不安、失眠、無法專心、情緒憂鬱，甚至罹患精神疾病等；在生活上可能造成家庭失和，容易因分神而發生車禍等危險；在運勢上會使家道中落、官司纏身、事業不順且容易犯小人，也不易儲蓄財產。

　　所以若處在有煞氣的環境中，則要做好防煞的準備，但仍要注意到，因為環境會不斷的改變，加上化煞物品有一定的承擔效果，所以須定時重新開光或是清潔化煞物品，才能保有化煞的效果。

風水煞

　　人們將進入不協調環境的結果做為參考依據，並依此為評斷一個環境該如何規劃運用。因一般空間沖煞，最顯著的例子就是房屋的風水，加上現在大樓林立，對於風水煞就更難以避免，若是要在此定居、或是經營企業時，可尋找化煞的方法，以免造成心理壓力，或是影響健康及精神狀態，甚至使運勢低落，使事業難以經營等狀況發生。以下以幾種常見的不良風水為例，並說明這些風水造成沖煞的原因。

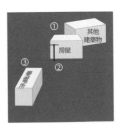
27

🏠 路沖煞—大門正對路口的住宅

　　為房屋的大門打開時，有一條道路直沖入門；或是
在房屋後面，也有道路直沖，皆稱為「路沖煞」。

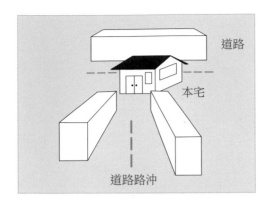

道路

本宅

道路路沖

　以住宅、辦公大樓來説，不管是車流還是人流都容易產生噪音，甚至是車輛行駛時排放的廢氣，都會影響生活品質，以及居住者的作息和健康等。若是營業場所、住宅門外有道路直沖門口，而剛好有駕駛者精神狀況不佳，就有可能釀成車禍。

　由於風會隨著道路吹向屋內，若是居住在路沖的位置上，人的氣場便容易受到擾亂而導致沖煞。加上外出時，迎面而來的道路和車流量較多，有可能增加心理上的壓力，使居住者感到不安，甚至造成運勢低落及有血光之災。部分路沖的建築，適合作為營業經商的地點，但仍須觀察該建築物是否符合商業活動的條件，及有無其他沖煞，在運用上須特別小心及觀察附近的風水，以免適得其反。

Tips

化煞的方法

① 在玄關處放置屏風，避免直接受到煞氣衝擊，並阻隔噪音。

② 在玄關種植盆栽淨化空氣。

③ 在沖煞處懸掛水晶球，以化解煞氣。

④ 在沖煞處懸掛已開光的山海鎮，將煞氣擋回。

🏠 鐮刀煞—道路轉彎處的房屋

　　房屋旁有天橋、道路形成（彎曲成）反弓形，而當彎角對著大門或窗口，而人或車輛來來往往時，形成的風（氣流）就如同一把鐮刀，劃向房屋，因此被稱為鐮刀煞、反弓煞。

而位在天橋、道路轉彎處的房屋易受到強風侵擾，以及受到車輛行駛所排放的廢氣和噪音干擾，導致大幅降低生活品質。

因當打開大門或是從窗口往外看時，都會注意到道路上的車流量，而長期處在這樣的環境，容易造成心理上的壓力，導致人們的健康狀況變差；也因為處在車輛行走處，出入時容易有血光之災（如：車禍），若是他人行車不慎，則有可能會擦撞到房屋。

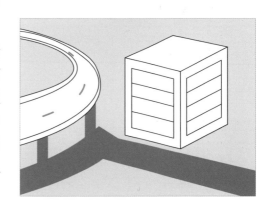

Tips
化煞的方法

① 如果沖煞處在門口，可在玄關處放置屏風，避免住家直接受到煞氣衝擊，並阻隔噪音，也可以種植盆栽淨化空氣。

② 如果沖煞處在窗戶，可以裝設窗簾，減少視覺上的衝擊，並阻隔噪音。

③ 可在沖煞處懸掛水晶球或已加持的五帝錢，以化解煞氣。

④ 可在沖煞處懸掛已開光的山海鎮，將煞氣擋回。

 ## 壁刀煞─對著大樓一側牆壁的房屋

當建築物（以下稱建築物 B）的對面有另一棟建築物（以下稱建築物 A），而兩棟大樓沒有對齊，建築物 B 的牆壁切向建築物 A 的門窗，且當氣流遇到建築物 B 時，就會使氣流轉向並形成風切直衝建築物 A，就形成壁刀煞，且若兩棟建築物距離愈近、或是建築物 B 的本體（牆面）愈大，形成的煞氣就會愈強烈。

若建築物長期受到風切吹襲，在風水上就是被煞氣衝擊的空間，對面的建築物樓層愈高，和牆壁面積愈大則煞氣愈重，若長期居住在遭受壁刀煞衝擊的房屋，可能會影響運勢，甚至有血光之災。

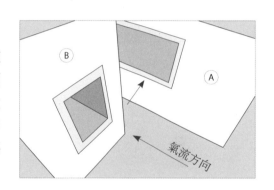

氣流方向

Tips

化煞的方法

① 如果沖煞處在大門，可在玄關放置屏風或種植盆栽，避免住家直接受到煞氣衝擊。

② 如果沖煞處在窗戶，可以裝設窗簾，減少煞氣的衝擊，和強風的吹襲。

③ 可在沖煞處懸掛水晶球或已加持的五帝錢，以化解煞氣。

④ 可在沖煞處懸掛已開光的山海鎮，將煞氣擋回。

🏠 天斬煞—對著兩座高樓夾縫的房屋

　　當建築物 A 和建築物 B 的狹窄縫隙形成氣流，且建築物 C 正對建築物 A 和建築物 B 時，兩建築物的氣流就會吹向建築物 A，此氣流就為煞氣，也就是天斬煞。

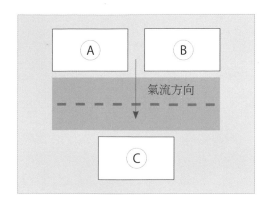

氣流方向

　　當平緩的風吹過兩座緊鄰的高樓中間的空隙夾縫時，就會壓縮成強勁的氣流，所以建築物 A 和建築物 B 間的距離愈近，產生的煞氣就會愈強烈，就像刀鋒一樣。相對而言，若是兩棟建築物的距離愈遠，產生的煞氣就會較小，對建築物 C 的影響也會愈低。

　　而現今有許多高樓，與周圍的建築物並非一起規劃建設，所以出現很多高樓與隔壁的建築沒有共用牆壁，使得中間保留了一段距離，進而產生煞氣。若建築物大門或窗戶對著高樓的縫隙，則會讓屋內的人犯煞，且會影響運勢、健康狀況，甚至會有血光之災。

Tips

化煞的方法

① 如果沖煞處在大門，可在玄關放置屏風或種植盆栽，避免住家直接受到煞氣衝擊。

② 如果沖煞處在窗戶，可以裝設窗簾，減少煞氣的衝擊，和強風的吹襲。

③ 可在沖煞處懸掛水晶球或已加持的五帝錢，以化解煞氣。

④ 可在沖煞處懸掛已開光的山海鎮，將煞氣擋回。

 ## 屋角煞─附近房子屋角對著住家牆壁

　　所處的建築物大門、窗戶正對建築物的尖角，則稱
為屋角煞、劍刃煞。

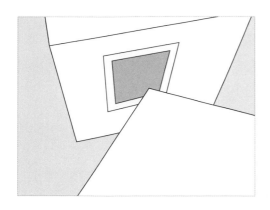

　　因為屋角為尖銳的形狀，在風水中認為尖角會形成煞氣，所以人們如果長時間處在面對屋角的環境，容易對人們產生負面影響，而若是屋角與建築物間的距離愈近，形成的煞氣就愈重。

　　當所處建築物與其他的建築物形成屋角煞時，而人往大門或窗外望所看到的尖銳角度，不管在視覺或心理上都容易產生壓力，進而造成情緒不穩定，或是可能會遭到小人暗算，甚至有官司纏身，也有可能使家中成員生病等。

化煞的方法

① 如果沖煞處在大門，可在玄關放置屏風或種植盆栽，避免住家直接受到煞氣衝擊。

② 如果沖煞處在窗戶，可以裝設窗簾，減少煞氣的衝擊。

③ 可在沖煞處懸掛水晶球或已加持的五帝錢，以化解煞氣。

④ 可在沖煞處懸掛已開光的山海鎮，將煞氣擋回。

 ## 孤陽煞—住家周圍有高壓電塔等設施

　　若是建築物附近有加油站、高壓電塔、變電所等能量較強的設施時，會使原先協調的磁場，產生不協調的磁場進而產生煞氣，而這煞氣就稱為孤陽煞。

　　這些帶有大量電力或具備大量燃料的設施，在風水上屬性為火，所以周邊的住戶容易犯孤陽煞，沖到這類型煞的人，可能會使人的脾氣變得暴躁，或是因為錢財而放棄道義等負面影響。

化煞的方法

① 可在家中種植盆栽，綠化環境並淨化空氣。

② 在家中放置白水晶，窗外安山海鎮及鐵公雞，淨化家中
的氣場，避免受到煞氣影響。

🏠 鬥口煞—兩扇門相對

　　兩扇門相對的情況，稱為鬥口煞或門對門，這樣狀況有可能發生在建築物內的大門相對外，也有可能發生在居所內的房門相對，這些都稱為鬥口煞。

門對到鏡子。

　　在風水的觀念上，門口是居所氣流的出入口，如果居所大門和鄰居的大門相對，會使氣流互相干擾，長久居住可能與鄰居產生糾紛。

　　但兩扇門相對的狀況，不限於大門口相對，居所內若有房門對房門的狀況，人在出入時可能會發生碰撞或受到驚嚇，打開房門時也有可能發生隱私暴露的情形，長期未改變這種格局或設法化解，則有可能導致家庭失和。

　　若是房門與廚房的門口相對，也有可能在出入時因驚嚇或碰撞而發生打翻熱湯等意外。另外，門若對上鏡子也會形成鬥口煞，也須避免。

Tips

化煞的方法

① 若大門對上鄰居的大門，可雙方協調在門口掛已加持的五帝錢、銅錢化煞。

② 在室內可在門口懸掛門簾，以避免隱私暴露，並改善衝突。

③ 如果家中的門對著鏡子，應以不透明的布面遮蔽鏡子。

④ 若是家中房門與廚房的門口相對，建議放置屏風以隔開室內動線。

壓梁煞—橫梁壓頭

當室內的橫梁過低，又出現在坐位、床位等人所處位置的正上方時，容易產生壓迫感，這種壓迫感就是煞氣，為壓梁煞。

當橫梁壓在床頭的位置時，容易使人們失眠；或是位於床側，在睡眠時也會受到壓迫。但當橫梁出現在其他地方時，則要避免壓在頭頂的上方，如果無法避免就不宜處在橫梁下超過半小時，若長時間處在橫梁下會使人們感到不安，造成沖煞的情況。

Tips

化煞的方法

① 如果室內高度足夠，可將室內設計為平頂天花板，遮蔽橫梁。

② 若是室內高度有限，可以設計造型天花板改善橫梁帶來的壓迫感。

③ 如果壓梁的位置在床頭，可放置床頭櫃，使床頭離開橫梁下方。

④ 若壓梁的位置在床側，可用衣櫃或床邊櫃，使床側離開橫梁下方。

⑤ 如無法離開橫梁，可在兩邊掛上已加持的五帝錢及葫蘆避煞。

動土沖煞

　　土地上都有守護當地的土地公或地基主，平時護佑人們的住家平安，所以當驚擾到守護自然環境的神靈時，就會形成動土沖煞。

　　尤其在土地開發的過程中會破壞原有的環境，所以土地開發建設時都要舉行儀式，請當地的神明暫時離開，以避免在開發過程中驚擾到祂們。然而部分建商在開發土地或翻修道路時，沒有確實舉行動土儀式，當在開發過程中對土地造成劇烈變動時，會使當地的神靈為保護土地而將煞氣反應到周圍的人身上，形成動土沖煞。

　　若經過翻修的道路或其他施工地點時，感到頭暈、嘔吐、心神不寧，夜晚失眠，可能就是受到動土沖煞的衝擊。尤其以孕婦及嬰幼兒特別容易受到影響，因施工或整修的噪音及震動可能會使孕婦和嬰幼兒受到驚嚇，若孕婦衝擊過大可能會導致流產；嬰幼兒則會腹脹、吐奶，夜晚啼哭等。

化煞的方法

① 當建設公司將要進行開發施工時，必須舉行動土儀式，取得地方上的土地公及
　地基主同意，並請祂們暫時離開。

② 若動土儀式進行不順利，可以擲筊的方式詢問土地公及地基主，如果一時無法
　得到神明的同意，應另擇他日動土。

③ 如果近日經過施工地點後感到不安、失眠，看醫生也無法改善，就有可能是受
　到動土沖煞影響，可尋求專業且正派的神職人員的幫助，進行收驚等儀式。

④ 若嬰幼兒及孕婦有沖煞的症狀，可以回想近日是否有經過施工地點，並尋求專
　業且正派的神職人員的幫助，進行收驚等儀式。

▎事故現場沖煞

　　事故沖煞是因為違反常態使人的靈魂受到衝擊
所引起，而火災、車禍等突發的意外事故更是衝擊
更為劇烈的非常態事件，若是衝擊過大，甚至可能
會使靈魂脫離身體。

　　如果事故現場有人員死亡，煞氣就會比一般的
突發事件更強烈，影響會更為快速、劇烈。

> **Tips**
>
> **化煞的方法**
>
> ① 若偶然見到意外事故不宜說不敬的言語，並避免
> 在現場圍觀，一方面容易沖到煞，另一方面也會
> 阻礙緊急救護。
>
> ② 若看到意外事故後持續感到心神不寧、頭腦昏
> 沉、心悸不止、夜晚失眠等症狀，而且看醫生檢
> 查仍無法改善，可以嘗試尋求專業且正派的神職
> 人員的幫助，進行收驚等儀式。

03

節氣沖煞

　　過去人類在觀察環境、氣候的變化時，發現並感受到煞氣會隨著時間的推移在不同方位聚集，而且在不同的時間會被沖煞的對象也不一樣。

　　人類認為每一日的煞星不同，所沖煞的方位、對象也跟著變化，當日容易沖煞的時辰，也會隨煞氣凝聚和散去有吉凶的差別。即使同一地點，若處在不同的季節，吹的風向也會不一樣，這些變數都是影響這個地點是否會聚合煞氣，過去農業社會就是以此作為判斷，並歸納當天適合進行的事務。

📖 農民曆的出現

　　過去，人類因觀察環境而了解到煞氣會因不同場合、事由而產生，所以人類藉由觀察煞氣聚散的變化，將累積的經驗記錄下來作為依據，推算時間和方位的吉凶，並製成農民曆，讓大家知道每一日適合從事及避忌事宜，以避免被沖到煞。

◆農民曆的使用方法

　　農民曆是日常生活中較易接觸到的參考曆法，其中有吉凶事宜的建議，每一日的凶時，沖煞的對象都不同，所以依照農民曆的推算避開可能沖煞的時間、地點和事情，就是最安全的避煞方法。

　　在將要進行重要事情時，都會將當事人及參與事件者的生辰八字，交由擇日師選擇適合的時間，就能避免重要的事情受到煞氣影響，進而產生負面的結果。

農民曆下載連結

　　以搬遷為例，當人們決定要搬到其他居所時，可參照農民曆選擇大吉之日進行搬遷。

煞氣隨時間聚散的特性，在農民曆的宜忌事宜、凶時及沖煞對象年齡的紀錄中，也可看到這種特性，以下以 11 月 1 日和 20 日為例。

年月日期	宜	忌	凶時	沖煞對象年齡
11/1	出行、裁衣、合帳、安床、入宅、安香	開市、動土、入殮、除靈、安葬	巳時	沖蛇 16 歲煞西
11/20	入殮、除靈、破土、火葬、進金、安葬	逢正四廢凶日吉喜事不取	子時	沖鼠 57 歲煞北

11 月 1 日，適合進行的事情，如：出行（旅遊觀光）、安床（安置睡床）、入宅（新居落成），到了 11 月 20 日，就不適合進行。

在 11 月 1 日，不宜從事的事務，如：動土（施工首次挖土）、安葬（埋葬儀式），到了 11 月 20 日，反而是適合從事的事務。

兩日的凶時、煞氣匯集的方位，以及沖煞對象年齡也不同，這正是因為煞氣不是只會固定在某一處，或針對某些人。

◆節氣沖煞的影響

在煞氣聚集的時間點被沖到煞，輕者有中暑或上吐下瀉等症狀；嚴重則會使人們在短時間內身體變虛弱。如果當時所處的環境煞氣很強烈，甚至會立即昏倒或罹患重病。

依沖煞的環境不同，對人們的身體產生的影響會有些差異，但仍以沖煞環境中的煞氣屬性為影響身體的主要因素。

◆預防節氣沖煞的方法

農民曆所記載的宜忌都是對自然環境及煞氣聚散的觀察，可依照農民曆推算的吉凶、宜忌安排事宜，避開煞氣聚集的時間。

1. 避免在煞氣聚合的時間，進行需要避忌的事情，以免重要事務受到煞氣干擾，甚至影響自己的健康及往後的運勢。

2. 將重要的事宜安排在適當的時間，使人、事皆能受到神明的祝福，而更順利圓滿。

3. 可事先請擇日老師排定日期，避免受到時節、氣候沖煞。

04

婚禮沖煞

　　人逢喜事時會有神明護佑，尤其結婚為人生重要的關卡，所以每一對新人結婚時都會有守護新娘的神明，這時若其他逢喜事的人太過接近，反而有可能造成喜事相沖的狀況。

　　另外，也有些情況如日煞、生肖屬虎的人會沖煞到新娘，都應謹慎避忌為宜。

媒人以竹篩放置在新娘頭上，以避煞氣

🔘 新娘被沖到煞的狀況

◆日煞

　　結婚當天新娘雖然最大，但不能大過天，若是犯日煞可能會使新娘往後身體變得虛弱。

　　所以迎娶上車及進入男方家時，媒人應手持竹篩遮在新娘頭上，避免陽光直射，與天爭大而犯煞；如果新娘當時已經懷孕，必須在新娘腰部綁上一條紅布條及替新娘撐黑傘，以保護胎神。

將繫有紅繩和掛著豬肉的竹梳綁在車上。

◆ 生肖屬虎的親友觀禮

　　生肖屬虎的人可能會沖煞到新娘，因為傳統觀念中，認為老虎是較為兇猛的動物，容易使新娘受到衝擊，有可能造成婚後流產。

　　所以屬虎的人不宜在迎娶、入厝等儀式觀禮，也不可太過接近新娘或進入新人房、坐在新人床上及觸碰儀式物品，但仍可參加婚宴。

◆ 新人結婚當日沖白虎煞

　　新人本身受到時節、氣候沖煞，如白虎煞等煞氣，因為有些新人安排結婚典禮的時間有限，無法安排到完全沒有沖煞的時間，所以有可能在結婚當日受到沖煞。

　　如果新人在結婚當日沖到白虎煞，可在禮車的車頂至車尾處或車側，綁上繫有紅繩和掛著豬肉的竹梳。

◆ 喪家出席婚禮

　　喪家在守喪期間出席婚禮或喜宴，容易沖煞到新娘，因為親人過世後喪家仍在調適悲傷的情緒，出席喜宴等喜慶場合容易產生煞氣。

親友被沖到煞的狀況

◆ 已訂婚者

已訂婚的親友就是近日已逢喜事的人，若參加婚嫁儀式或喜宴，就有可能犯新娘神的煞。

◆ 新婚者

若是親友中有最近四個月內結婚的新人，出席婚嫁儀式或喜宴，就可能會造成喜事相沖。

◆ 孕婦或仍在坐月子的婦女

婦女懷孕或生子不僅是逢喜事，在傳統觀念上還有胎神陪在孕婦身旁，若是出席婚禮或喜宴，胎兒和孕婦本身都有可能會犯到新娘神的煞。

◆ 親友受到新娘神沖煞

若賓客或親友言行不慎或者玩笑開過頭，就有可能犯新娘神的煞。

◆ 親友當日沖煞

若親友在結婚當日正好是被沖煞的生肖屬相及年齡，則不宜參加迎娶、入厝等儀式。

避煞的方法

① 若婚禮當天有其他最近在四個月內訂婚或結婚的親友，或是親友中有孕婦或坐月子的女性，皆不宜參加迎娶、喜宴等儀式，也不建議食用新人的喜餅，避免喜事相沖，建議以其他方式致意。

② 結婚當日若有親友的生肖屬相及年齡遭到沖煞，可參加喜宴，但不宜參與迎娶、入厝等儀式。

③ 生肖屬相及年齡沖煞的親友，可以避開沖煞的時辰再進入新娘的新居。

④ 賓客應注意言行，玩笑不宜開過頭，以免遭到沖煞。

05

喪葬沖煞

　　喪葬儀式對人有非常強烈的衝擊，尤其是愈親近的親人感受愈深刻，傳統習俗認為這樣的衝擊就是強烈的煞氣，所以喪葬儀式必須慎重進行，並且避免在煞氣聚合時進行重要的儀式，以下介紹喪葬儀式的沖煞，以空棺沖煞、入殮沖煞等為例。

🕯️ 空棺煞

　　當棺材將要運送到喪家時，棺材就會開始帶有煞氣，須依喪葬禮俗迴避以免沖煞。

　　若棺材尚未屬於某位逝世者時，並不會帶有煞氣，一般人接觸也不會受到影響，所以平時看到棺材不用過於敏感。

🕯 入殮沖煞

◆ 小殮沖煞

小殮指禮儀師為逝世者擦拭遺體，並換上壽衣、化妝等儀式。在習俗上認為小殮時也會有煞氣，而且遭到沖煞的人因日期時辰的不同而有所改變，所以大部分的禮儀公司會請所有的家屬迴避，以免被沖到煞氣。

◆ 大殮沖煞

大殮指家屬將遺體扶入棺材內，又稱為入木，此時禮儀從業人員會協助家屬進行儀式。傳統習俗認為這時會有煞氣產生，而且可能遭到沖煞的人會因不同的日期時間而改變。

通常喪家會以逝世者的兒女為主要考量，請擇日師依逝世者的生辰八字推算喪家不會沖煞的日期時辰，其他人若有可能在儀式上沖煞則須迴避。

關於大殮，另有一說，須避免人影落在遺體上，否則人的魂魄可能有一部分會被收進棺材；也須避免將眼淚滴在棺材內，避免逝世者因過於擔憂親人而無法離開人界，更無法前往地界重新投胎轉世。

🕯 出殯沖煞

指告別式結束後，舉行的移柩、封棺等儀式，傳統習俗認為這時會帶有煞氣，主要又以生肖屬相、年齡運勢較低的人及八字與逝世者相沖的人需要特別避忌，所以禮儀公司會請這類型的人暫時迴避。

◆ 喪閧煞

指偶然看到喪家推靈或出殯而導致生病，傳統習俗認為屬邪神作祟而稱「喪閧煞」。沖到此煞，須在百日祭內取靈桌桌裙一端符令、香條、茉草、艾草或芙蓉葉等物品洗身，就能讓病痛痊癒。

🕯️ 避煞的方法

1. 一般喪家會將逝世者及子女的生辰八字，交由擇日師選擇適合進行儀式的日期和時間，以避免子女受到逝世者的煞氣而犯煞。

2. 若進行入殮等儀式時，參加喪禮的其他親友會受到沖煞，則須暫時迴避。

3. 親友在喪禮慎終追遠時也要節哀，避免過度傷心而受到沖煞。

4. 如果必須參加親友的告別式，可用紅袋子裝入七片芙蓉葉、茉草或榕樹葉，並隨身放在口袋，儀式結束後，將紅袋子丟棄在外面的垃圾桶，就可避免沖煞。

5. 若參加喪事後感到身體不適，看醫生仍然沒有改善，應盡快向喪家請求令符搭配鹽米法淨身，以免被煞氣影響身體。

6. 若淨身後沒有改善，應尋求專業且正派神職人員或靈媒的協助。

Note

① 喪家在治喪期間應告知附近的鄰居，請鄰居在門外貼上紅紙，避免受到煞氣影響。

② 現代喪葬場合內可能會有其他逝世者的喪葬儀式，如：殯儀館、火葬場等場所，若言行不慎也可能會沖犯其他逝世者。

③ 喪家在進行儀式期間不可進入廟宇，因喪家身上帶「喪刺」，會刺傷神明。

④ 喪家結束喪禮後，要在一個禮拜後，且要將全身以鹽米法等淨化方法淨身，才可進入廟宇。

⑤ 傳統喪葬習俗中有「避煞」的儀式，他們認為人在逝世後靈魂會在喪禮結束以前，再一次回到家中，因此家人會在家中備妥餐點，並在逝世者的靈魂回來時離開家中，避免受到負面的影響，這樣的做法稱為避煞。避煞實際的時間是由擇日師或神職人員算出來並告知家屬。

06

預防煞氣的方法

　　預防煞氣的方法除了因須抵擋的煞氣不同，要準備不同的物品外，也會因詢問的風水師或神職人員的不同，準備的化煞物品會有差異，但其實有時只是因師承不同派系，而有不同的處理方法，並沒有所謂的對與錯。所以，以下所列舉預防煞氣的方法，為大眾所認識的，供大家參考。

☯ 化解風水煞氣

　　人們居住的環境中，室內梁柱或周圍的道路、房屋多少都會聚集煞氣，對人們形成衝擊，人們往往難以調整住家的格局，更無法改變鄰居屋角的角度或門口的方向，也不可能要求道路為自己改道，那麼應該如何化解不良的風水煞氣？

　　其實只要適當的放置或懸掛一些化解煞氣的物品，風水的煞氣就不會影響居住者和家人的健康、運勢，更可以藉此為自己布置長久安居的空間。

◆ 盆栽

　　種植盆栽可以綠化室內環境，如果住家受到路沖、鐮刀煞、孤陽煞等影響，種植盆栽可淨化家中的空氣；若是遭到壁刀煞、天斬煞、屋角沖煞等衝擊，盆栽也可以減緩煞氣，但須注意所選擇的植物是否有助於改善風水。

◆ 屏風

　　可用於阻隔噪音和室內動線，在風水上也可以阻擋煞氣，改變氣場的流向。若住家大門受到路沖煞、鐮刀煞、壁刀煞、天斬煞、屋角沖煞、鬥口煞等衝擊，將屏風放置在玄關可以阻擋從大門直衝而來的煞氣，也可以隔離行車的噪音並減緩強風的侵襲。

◆ 鹽燈

是以鹽的結晶為燈罩,將燈泡置於結晶內即可點亮使用,因為鹽在傳統的觀念中有避邪及淨化氣場的功效,所以可用於化煞鎮宅、淨化氣場,但仍需經過開光,會更有效力。

若住家大門受到路沖煞、鐮刀煞、壁刀煞、天斬煞、屋角沖煞、鬥口煞等衝擊,可在玄關放置鹽燈,淨化負面能量,避免屋內磁場受到煞氣干擾。

◆ 風水簾

是以大面積的布面製作的門簾,可懸掛在門楣作為區隔空間的工具,可用於阻隔負面的磁場。

如果室內空間有限,無法放置屏風、盆栽等物品阻擋煞氣,也可使用風水簾。

除了避免隱私曝光外,若家中有房門相對或鏡子對門的鬥口煞,便可用門簾區隔。

Tips

風水簾選擇須知

① 須以一片式且不透光的布面,才能達到遮蔽的效果。

② 若選擇珠簾、絲線或半透明等材質的門簾,無法達到遮蔽視線或磁場的功效。

③ 市面上較常見的兩片式的門簾,沒有阻隔磁場的功能。

④ 風水簾的長度不宜過短,掛在門上約離地 50 公分以下,或到達大腿的長度,並掛上已加持的五帝錢。

◆葫蘆

　　是過去農業社會的水容器,是由藤蔓植物的果實加工而成,葫蘆的讀音接近「福祿」,所以也被作為避邪的吉祥物,運用在居家、隨身的飾品。

　　葫蘆也是風水上化煞的物品之一。當路沖煞、鐮刀煞、壁刀煞、天斬煞、屋角沖煞、孤陽煞的煞氣衝擊住家時,可在玄關、客廳或臥室放置葫蘆,淨化室內的負面能量,但仍須經過開光,才會更有效力。

◆水晶球

　　水晶是具正面能量的能量石,而水晶球可以化解壓梁煞等室內的煞氣,並且調節室內的磁場,但仍須經過開光或淨化,會較有效力。

　　當人們的住家有壓梁煞,可以懸掛水晶球在形成煞氣的梁柱上;也可將水晶球懸掛在門上,化解室內的鬥口煞。

Tips

① 不同種類的水晶,功效不同,風水化煞應以白水晶為宜。

② 水晶不須經過開光,但使用前須淨化水晶,消除舊的氣場。

③ 淨化水晶時可用海鹽、流水,或者照日光、月光也可達到同樣效果。

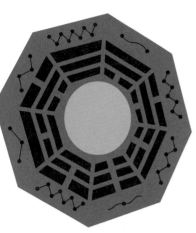

◆ 八卦鏡

是外圍有八卦，中門有面鏡子的風水法器，中間的鏡子有凹鏡、凸鏡和平鏡的分法；凹鏡用於收煞，較適合人口流動率高的空間，如商店等；凸鏡則用以擋煞，較適合住家等久居的空間；平鏡則須依安置時的方法決定收煞、擋煞的功能。

八卦鏡應經過開光，並且請正派、專業的風水師設置，否則無法達到預期的效果，反而會擾亂周圍磁場。

Tips

① 凸面八卦鏡的設置，不宜對著其他人的住家，因為反射的煞氣可能傷害其他人。

② 凸面八卦鏡若是對著家門的路沖或轉彎處等地點，較不易使其他人沖煞。

③ 山海鎮中間若有八卦鏡，也會反射煞氣。

◆ 山海鎮

是由具備法力的神職人員開光或繪製的法器，可反射外界的煞氣，若居所有受到較為凶險的風水所沖煞，使用開光後的山海鎮可以達到避煞的效果，但仍須請正派、專業的風水師設置。

Tips

受到煞氣強烈衝擊的房屋，才需要使用山海鎮，若是一般的房屋使用水晶、鹽燈、已加持的五帝錢即可達到化煞的效果。

Part 3

關於卡陰

什麼是卡陰 ╲ 受陰靈侵擾的原因　冤親債主、動物靈、卡到無意間冒犯的陰靈、遭人下符咒或降頭、神像遭到陰靈入靈、心念、修行方法錯誤、祖先靈干擾 ╲

易受陰靈侵擾的地點　缺乏陽光照射的地方、曾有人往生處、荒郊野外、人煙稀少的地方、其他地點 ╲ 易受陰靈侵擾的時間點　農曆七月、情緒低落壓力大的時候、身體較虛弱的時候 ╲ 易受陰靈侵擾的人　身體狀況不佳、修行者、靈逼體、欲望妄念重的人、體質敏感的人 ╲ 受陰靈侵擾後的影響　精神層面的影響、生活上的影響、對運勢的影響、生理層面的影響、卡陰超過兩周以上的影響 ╲ 預防陰靈的方法　配戴或放置水晶硨磲碧璽等能量石、向神明祈求平安符、種植艾草或芙蓉葉

01

什麼是卡陰

　　在生命結束後會轉化為能量體的形態，就是所謂的靈魂，人們在誕生之前也是以靈魂的型態存在於其他空間，而在死後會再繼續回到誕生前的狀態。而不論是人或其他生命死後都會成為靈魂這種能量體，並前往地界，到了下一次轉生的時候，靈魂才會再度進入到肉體成為生命體。

　　靈魂每一次轉生為生命，都會經歷誕生、成長和老去的歷程，在這時，靈魂的能量有可能在歷程中提升或消耗，並在每次的歷程中留下痕跡，或種下因果，成為下一次轉生的機緣。

　　而當生命死後，靈魂長期滯留在人界，這種靈魂就是陰靈，也被稱為鬼魂、幽靈等，祂們沒有前往地界，持續以能量體的型態停留在人界，不僅難以得到平靜，也無法獲得下一次轉生的機會。

　　然而陰靈的磁場屬於陰，而生命體的磁場屬於陽，因此若陰靈長久滯留在人界，當人們情緒低落或是身體虛弱時，磁場會變得比較微弱，就有可能接觸到陰靈，甚至長期卡在人們身上，進而產生負面的影響。

02

受陰靈侵擾
的原因

　　為什麼會遭遇卡到陰的情況？冤親債主、動物靈、祖先靈、無意冒犯的陰靈、修行方法錯誤、遭人下符咒或降頭、崇信的神像遭到陰靈入靈等。

▌冤親債主（因果）

靈魂有所謂輪迴轉世及因果報應，當生命結束時，靈魂會逐漸遺忘生前的經歷與記憶，成為另一個新的生命，以新的方式再度開始新的生命歷程，這個過程就是「輪迴」；而靈魂在每一世與其他生命相遇共處的緣分，就形成「因果」，而冤親債主的產生主要為前世所累積的因果（惡）。

當人類以良善的方式與其他生命共處，就能種出善果；反之，以惡劣的方式與其他生命共處，就會形成惡果，這就是佛家所說的「因果報應」。如果人類在人界中傷害其他生命，甚至造成對方死亡，使祂們成為抱持怨恨的陰靈，祂們就可能成為冤親債主，並在來世要求當事者償還當初種下的惡果。

因此，假設是冤親債主為卡陰的原因，只能請專業的神職人員與祂們溝通，藉此了解前世造成惡果的原因後，再行化解。

	因（待人接物的方式）	果（事件產生的結果）
事件1	善因	善果
事件2	惡因	惡果

◆受到冤親債主侵擾的原因

冤親債主是由前世的因果造成，或許今世與人們共處的家人、朋友曾經在前世與自己相遇，而因當時結下的因果，使人們今世再次相遇，並影響著這一世的關係與互動。

在家中若有尚未出生就已經流產的嬰孩，孩子的靈魂就可能會佇留在人界，若父母未請專業且正派的神職人員超渡嬰靈，祂們就可能變成帶著怨念的嬰靈，影響人們的生活。

受冤親債主侵擾時，會使身體特別虛弱，或引起比較嚴重的疾病進而造成身體較大的痛苦。若有長期用藥卻無法根治疾病的狀況產生，心中有受到陰靈侵擾的疑慮，可向正派、專業的神職人員諮詢，藉此了解自己的健康狀況是否與陰靈有關。

◆處置方法

因為冤親債主是抱著強烈怨恨的陰靈，祂們不僅無法投胎轉世，還得停留在人界為執念所苦。

所以在面對冤親債主時，若是請專業神職人員暫時壓制住陰靈，最多也只能求得一時的穩定，一旦身體較虛弱或神智恍惚時，就有可能再度回到當事者身上。唯有尋求專業且正派的神職人員協助，了解緣由，並同理冤親債主所經歷的事情才能化解惡果。

假如遇到冤親債主手持黑旗來到當事者身邊，則代表祂已經在地府向閻羅王訴冤且獲得認可，於是當眾神明看到黑旗，便會保持中立不予干涉，在這種情形下，就算人們求神拜佛也得不到回應。

化解這類型的冤親債主，只能尋求修為較高的神職人員居中協調，了解前世結下的惡果，並同理對方的經歷，以及聽從神職人員的指導，嘗試以誦懺、祈禱等方式與祂和解。若達成和解祂就會放下怨恨，投入輪迴，並且開始下一段新的生命歷程。

輪迴的三種狀態

前世	今世	來世
今世誕生前的生命	生命現在意識的狀態	今世死亡後的生命

▌動物靈

　　在日常的飲食中有食用豬、牛、雞、魚等有靈魂的動物，若人們不能時時抱持感謝之心來食用，動物的靈魂就有可能成為動物靈，影響人們的健康狀況。

　　動物靈通常在人們年老或身體較虛弱時，在身體裡形成難以治療的嚴重病症，進而使人們的器官衰弱，一旦身體的機能弱化，就很難修復並治癒病情。

◆受到動物靈侵擾的原因

　　　若因工作需要屠宰動物，則有可能遭到動物靈報復，使身體機能被破壞，或是如果平常飲食皆以肉類為主食，甚至動輒食用全豬、全羊等，也有可能引發動物靈報復。

◆處置方法

1. 若因工作性質需要宰殺動物，可透過專業、正派的神職人員，引導自己誦懺、祈禱，化解動物靈的怨念。

2. 日常生活中食用葷食時，應抱持感謝的意念，而非只是為了滿足自己的口腹之欲；也要避免經常大魚大肉，卻又剩餘食物，浪費食物。

▊卡到無意間冒犯的陰靈（外因）

在外工作或出門遊玩，難免會到陌生的環境，不管是要住宿、開會等，對陰靈來說，自己都是外人，所以有時看似無心的舉動，如：開玩笑、心存不敬等，都很有可能因一時不慎冒犯了陰靈而不自知，這時陰靈就會卡在自己身上，對當事者惡作劇。

有時候甚至只是路過就會受到陰靈侵擾，這時，有可能因為自己的身體較虛弱、磁場與陰靈相近，或是本身體質較敏感者，也比較容易與陰靈接觸，進而卡在身上。一旦時間久了，就會影響自己的磁場、運勢，甚至影響到身體的健康狀況等。

◆ 易在無意間受到陰靈侵擾的對象

1. 言行輕浮者

這類卡到陰的當事人和陰靈通常不認識，也完全沒有關係，只因自身冒犯了陰靈而受到陰靈侵擾。

2. 身體虛弱者

部分的陰靈可能會藉由吸附人的氣，來增強自己的能量。當身體虛弱時，自身的磁場較缺乏陽氣，陰靈就有可能卡在身上，藉此吸收人們的能量。

3. 體質敏感者

每個人都有屬於自己的磁場和頻率，若自己的頻率、磁場與陰靈相近的話，陰靈就會靠近自己並依附在自己身上。

4. 身心靈狀態不佳者

人類的能量、磁場會隨著本身的情緒、想法，以及健康狀態，而產生不同的變化。所以當人們身心靈的狀況不好時，就比較容易受到陰靈侵擾。

◆ 處置方法

1. 如果人們不小心冒犯了陰靈，可以用薰艾草條、茉草、芙蓉葉、鹽米法等除陰的方法，化解卡到陰的狀況。

2. 要向不小心冒犯的陰靈道歉，對於身邊的環境也要時常保有崇敬的心理，才不會惹禍上身。

3. 如果最近一直感到頭昏腦脹等身體不適的感覺，就醫檢查後卻又找不出原因時，可以回想過去兩至三個禮拜內，是否有冒犯陰靈的舉動或去可能會卡陰的場所，並且尋求專業、正派的神職人員協助。

 Note

人體磁場

每個人都有自己獨特的磁場和頻率，正如同每個人性情喜好各有不同；沒有人的頻率會與他人完全相同，只有頻率是否較為相近的情況。而頻率會隨著人們的身體狀態、情緒想法等產生改變。當人們身心靈的狀況不佳時，頻率自然會和陰靈比較接近。

▌遭人下符咒、降頭

　　符咒、降頭是以邪法驅使陰靈來影響人的健康或精神狀態。過去只有極少數人會使用這種邪法，但現今網路發達，獲得相關資訊的管道增加，所以意圖使用這種方法，滿足自己欲望的人相對來說也變得較多。

◆我可能被下符咒、降頭嗎？

　　　符咒、降頭等邪術會影響人體健康，也會使人精神耗弱，症狀可能和一般的病痛類似，但一般的醫藥卻無法達到療效。

　　　若醫生已經對症下藥，病症仍然沒有改善，可嘗試諮詢正派、專業的神職人員，了解自己的病因是否為邪法引起。

　　　邪法雖然有可能快速達到害人的目的，但是如果對人使用法術、符咒、降頭等邪法，則有可能遭到現世報，或是冤親債主的報復，最終仍會得不償失。

◆處置方法

1. 萬一被施以符咒、降頭等邪法，可能難以自己化解，最好尋求專業、正派的神職人員幫助。

2. 一般符咒或降頭所能驅使的大多是較為低階的靈體，當自己的正面能量保持穩定、充沛，就能較不受邪法的影響。

神像遭到陰靈入靈

　　居所中的神像如果尚未開光，是不會有神明（或其分靈）居住在其中守護人們，甚至有可能讓陰靈進入到神像當中，而當人們持續祭拜住有陰靈的神像，不但無法庇佑人們，還有可能影響自身的磁場，久而久之身上可能就卡了許多陰靈。

◆我這麼虔誠還會卡到陰？

　　開光是指具備法力的神職人員，進行開光的儀式，將神明的正能量引進神像中，或請神明的分靈進入到神像裡。但無論使用何種形式，都必須使精神面的正能量導入到神像當中。雖然不同宗教、教派各有不同的方式，但只要能使神靈穩駐在神像中，即達成開光的目的。

◆處置方法

　　若發現神像被陰靈侵佔，可尋求專業、正派的神職人員幫助，透過淨化及超渡等儀式，將住在神像內的陰靈請離，並以開光儀式請神明進入神像當中，千萬不可將神像隨意丟棄，以免遭到陰靈報復。

Note

① 一般神像經過開光的正廟牌匾上會有「玉敕」或「玉旨」二字，因為宮廟的神職人員須受命於玉皇大帝，才能請神明來到人界護佑眾生，所以當神職人員受到神明認可時，才可將「玉敕」或「玉旨」二字刻在牌匾上。

② 信仰宗教不僅是有求於神明，更重要的是透過修行提升心靈的境界，對此，人們可以仔細思考宮廟、精舍，或基督教、天主教的教會等宗教場合的神職人員，他們所解釋的經文、佛法等內容，是否言之有理，合乎邏輯。

心念

◆陰靈的心念

一般而言，陰靈與人類分別在人界和地界生活著，人類在往生後應該依照指引回到地界等待下次輪迴轉世，或是當在人界修成功果後回到天界。

而停留在人界的陰靈多是因為對人界的事物仍留有執念，不管是生前的痛苦經歷，或是過世當時最為深刻的記憶及仍有放不下的情感，包含：不甘、嫉妒、憎恨、悲傷或悔恨等。這些極端的感受，都有可能讓祂們無法到屬於祂們的地界，以及進入輪迴轉生為新的生命，走向下一段歷程，並持續停留在人界。

◆人的心念

若人長期處在憤怒、嫉妒等極度負面的情緒時，本身的磁場和頻率就比較容易和陰靈接近。尤其遇上抱有類似心念的陰靈，就很有可能被祂跟隨，甚至長期卡在自己身上，進而影響自己的生活，甚至使自己的心念更為偏激，以及驅使自己執行祂們的想法。

◆心情不好也會卡到陰嗎？

因為一時的心念、情緒而卡到陰，會使人們的性格變得偏執，想法、思維也會傾向負面偏激；性情和卡到陰之前會有明顯的差異，可能變得十分易怒，情緒化，或者時常感到悲傷，容易流淚等；與親友家人的相處方式也會大為改變；甚至產生輕生的想法。

◆處置方法

1. 當因為負面情緒或思維卡到陰時，自己可能會難以轉換成正面思考，以及排解負面的情緒，這時應尋求心理醫師，或身邊的親朋好友說明自己遇到的困難，進而協助自己走出負面的想法，避免自己持續處在低落的情緒中。

2. 可透過運動，晒太陽及從事戶外活動，一方面增加自己的活動量，一方面藉由吸收陽光的能量，使陰靈離開人們身邊。

3. 請專業、正派的神職人員幫助人們除陰，並且改變自己的想法和心念，以避免再次受到陰靈的侵擾。

Note

卡外陰和卡內陰的差別？

卡外陰的陰靈過去跟自己沒有因緣，只是磁場交會時偶然遇上，或因自己言行不慎而冒犯到祂們。只要陰靈沒有卡在身上太久，祂們自然而然會離開，或是請專業、正派的神職人員進行除陰儀式就能化解。

卡內陰的陰靈通常和自己有著深厚因緣，如祖先靈或冤親債主等。這時，必須透過專業、正派的神職人員了解祖先靈的問題，或自己與冤親債主結下的因果，才能化解。

▌修行方法錯誤

若選擇要成為修行者，建議先找一個有緣的引導者，帶領自己運用靜坐、念經等方法修行，而引導者會給予修行者適當的建議，讓修行者可以用適當的修行速度循序漸進的累積功果。

但不建議獨自修行，因為每個人的體質以及狀況不同，所以看參考資料修行，不一定會是最適合自己的修行方式，如果步調過快或過慢，或是沒有做好事前保護自己的功課，就有可能吸引到陰靈，讓自己受到陰靈侵擾。

◆我已經修行了為什麼會卡到陰？

走上修行的道路時，若沒有受到良好的引導，或未能聽從指示使用正確的方法修行，那人們已經原先的能量或修到的功果，可能會引起部分陰靈的注意而接近，此時若尚未受到神明保護，或者心智仍然不堅定，可能會因此誤以為陰靈就是引導自己的神明（指導靈），使陰靈一直卡在身上，甚至讓陰靈拿走自己修成的功果。

◆處置方法

1. 若已發現自己所相信的指導靈其實是陰靈，這時只要尋求正派、專業的神職人員為自己進行除陰儀式即可。

2. 若對於修行的路途感到漫長或不順遂時，可以與修行道路上的師兄、師姐，相互交流雙方對於道理、經文的理解，先使自己跳脫原先的思考，再產生不同的思考角度，以免因修行時的瓶頸而誤信陰靈。

▌祖先靈干擾（內因）

在一般的認知中，都會認為祖先靈是以庇蔭後代子孫能子孫滿堂，或享有榮華富貴為主，而不會想到祖先靈會影響後代子孫的生活。其實被祖先靈干擾，主要是因為有事情要告訴後代子孫，但有可能因為無法溝通，而讓後代子孫生病、事業不順等。

一般受到祖先靈干擾，有可能是因為後代子孫疏於祭祖、祖墳墓碑斷裂、墳墓或靈骨塔的風水有問題、想請子孫幫忙超渡等原因，但因無法與後代子孫接觸並表達憂慮，只好干擾後代子孫的生活，當他們驚覺事態不對勁後，就會尋求正派、專業的神職人員，或可與靈魂接觸的人，幫忙傳達祖先靈的意念。

雖然祖先靈對子孫的磁場、生活造成的影響，不至於造成重大傷害或病症，但有可能使子孫的運勢不順遂，所以，才使祖先靈成為卡到陰的原因。

但只要確實做到祭祀祖先的儀式使其安心，祖先就會繼續庇蔭後代子孫，下列為祖先類別的介紹：

祖先	直系血親，如高祖父母、曾祖父母、祖父母、父母等
	同姓氏的旁支祖先，如叔公、伯父等
	家族中結為姻親的女性，如嬸婆等

倒房祖先	夭折的幼童
	未婚卻往生的男性
	未婚卻往生的女性
	婚後沒生兒子已往生的男性
	跟外遇對象生的私生子

◆ 祖先類別及祭拜方法

01 祖先

一般對祖先的認知是自己的父母、祖父母、曾祖父母等直系血親，往生後的靈魂就成為祖先。祖先是人們生命的源頭，飲水當思源，所以對先人更應慎終追遠。

若祖先沒有受到子孫供奉，靈魂就沒有安定的居所，假使人們祈求祖先保佑後代子孫能平安、賺大錢等，也會事倍功半。

所以只要每日虔誠的祭拜祖先，並在逢年過節時定時祭拜祂們，祂們就會繼續保佑後代子孫，讓家族興旺繁盛。

02 倒房祖先（或稱過房、過繼）

較早往生的祖先，或沒有後代子嗣祭拜的旁系祖先，因沒有自己的子孫供奉祂們，又稱為倒房祖先。遇到這種情況，後代子孫須寫入祖先牌位（男性）、設立神主牌位（女性）供奉祂們，才不會使祂們成為在外的飄盪的陰靈。如果祂們沒有受到超渡、供奉，就可能對後代子孫的生活、運勢等造成負面的影響。以下介紹家譜、族譜中，可能沒有記錄到的倒房祖先。

❖ 夭折的幼童

家中若有孩童年幼即夭折，父母必須請專業且正派的神職人員超渡孩童，使孩子的靈魂能夠回到投胎轉世的輪迴中。若是男性幼童夭折，須寫入祖先牌位祭拜；若是女性幼童夭折，則須另立神主牌位祭拜。並提醒家中的兄弟或後代子孫要定時祭拜，避免疏忽祭祀。

❖ 未婚已過世的男性

若家族中有未結婚但已往生的男性，沒有生育後代子嗣，在往生後沒有直系血親的子孫供奉，這時只能入家族的宗祠祭祀。

❖ 未婚已過世的女性

在傳統的祭祀習俗中，女性應進入男方家的宗祠，而非原生家庭的宗祠，所以不能入祖先牌位。若希望家中未婚已往生的女性接受祭祀，靈魂獲得安定，必須舉行冥婚儀式讓往生的女性先嫁給男性，由男方的宗祠立牌位祭祀；或是另立神主牌位及在它處祭祀。

❖ 婚後未生兒子的祖先

在傳統的祭祀習俗中，兒子才能繼承香火，所以婚後未生下兒子的祖先，本身沒有得以傳承香火的後代子嗣，在往生後便沒有子孫供奉，必須由家族的宗祠祭祀。

❖ 祭祀倒房祖先的方式

透過收養、過繼而成為家族成員的子孫，因非直系血親，所以無法進入族譜，若是沒有生育兒子，就會成為倒房祖先；此外，家族中未生子或未婚已往生的祖先亦為倒房祖先。人們在節日時也需要祭拜倒房祖先，使祂們的靈魂能夠安定。

◆為什麼祖先會侵擾後代子孫？

01 疏忽祭祖

　　若疏忽祭祀祖先會使祂們的靈魂不安定，就無法保佑後代子孫的健康及運勢。一般大眾對祖父母等直系血親的祖先，會較緬懷和小心供奉，但仍有可能會疏忽祭祀的祖先，以下列出列舉幾種易被忽略原因。

❖被收養、過繼的子女回歸原生家庭

　　　　曾經收養、過繼的子女，如果後來回到原生家庭，在過世以後仍會保佑曾養育祂的家族興旺繁盛，所以收養家庭仍應祭祀祂們，如果未被祭拜，可能會引起祂們不滿，導致受到祂們的侵擾。

❖被收養、過繼的子女無人祭拜

　　　　透過收養、過繼的子女，因非直系血親，所以不能入族譜，但仍是父母膝下子女，有部分的家譜便會記錄其本姓及過繼後的姓氏，因此若沒有得到適當的祭祀，會使其靈魂不安定。

❖因收養、招贅而有兩姓祖先

　　　　若男生因為收養或招贅而有兩姓祖先，則要祭拜兩方的祖先，而一方是生之恩（血緣的源頭），一方為養育之恩，不管哪方的祖先都會保佑收養、招贅的後代子孫，所以應適當供奉兩姓祖先，如果只拜一姓祖先，可能會引起另一姓祖先不滿，造成受到祖先靈侵擾。

02 祖牌移動不當

　　祖先往生後靈魂會有一部分在人們所供奉的牌位當中，所以若祭祖的儀式有疏失，就可能使祖先靈擔憂，以為後代子孫不懂得飲水思源；若因搬遷等原因須移動牌位時，沒有做好相關的儀式請祖先靈跟著離開，而造成祖先靈流落在舊宅或外地，會使祖先的靈魂失去依託，甚至成為流浪在外的陰靈，所以若有須遷移牌位的情況時，後代子孫必須謹慎小心。

03 後代子孫男女關係

❖夫妻離異後未告訴祖先

夫妻離異後，女方沒向男方祖先告別，使男方祖先依然視女方為家族媳婦而打擾女方。

當男女結婚時，女方便進入男方的族譜，受到男方祖先的保佑；所以一旦雙方離異，女方必須向男方祖先告別。若男方祖先仍將女方視為家族媳婦，可能會以為女方未盡媳婦的責任，進而打擾已離開男方家族的女方。

❖外遇引起已婚者祖先不滿

若結婚後仍與其他人外遇，不忠於婚姻，便會使祖先不滿，而影響家族外遇的已婚者與外遇對象的生活。

04 子嗣未歸宗

❖私生子未認祖歸宗

若祖先察覺家族內有因非婚生子（私生子），而未能獲得家族認可的孩子，祖先會希望後代子孫能將孩子帶回家族中養育，或者進入家譜、族譜內，以明其身分；若孩子遲遲未認祖歸宗，就會受到祖先靈侵擾，及干擾後代子孫的生活。

❖再婚女性的兒子為前夫家長孫

以傳統的禮俗而言，祖先會對長孫有祭拜祖先、承續家族等要求和期待。所以再婚女性的兒子若是前夫家族中的長孫，但他卻與再婚的母親一同進入其他家庭，就難以盡到祭祀前夫家族祖先的責任，前夫的祖先可能因此對再婚女性等人有所責難，甚至造成生活上的干擾。

◆ 怎麼判斷受到祖先靈侵擾

　　若家族中有人可感應陰靈，祖先靈通常會透過夢境等方式傳達，當祖先沒有得到回應，才會影響子孫的生活，而當人們對此有疑問時，可尋求專業、正派的神職人員或通靈媒，幫助人們與祖先靈溝通，釐清祖先靈是什麼原因干擾後代子孫。

◆ 處置方法

01 謹慎遷移祖先牌位

　　當人們因搬家、改建等原因，需要遷移祖先牌位時，如果沒有事先稟告祖先，可能會使祖先停留在原本的舊居所，或無法找到後代子孫搬遷的新居，那麼祖先的靈魂就無法得到安定，後代子孫就可能受到祖先靈的侵擾。

02 安祖先牌位

　　遷入新居後，須擇吉日吉時進行安祖先牌位的儀式，但要先確定安置祖先牌位的位置。若祖先牌位遷移後，當天適合安神，又逢吉時，則可以進行安神位的儀式。但安祖先牌位，在位置上有許多禁忌，所以必須謹慎選擇，如果安排不當，會引起祖先不滿，進而影響後代子孫的健康、運勢等。因此最好請專業、正派的神職人員來處理，以避免觸犯禁忌。

Note

如果家中有供奉神明者，也須請神明離開舊居所。並擇吉時安置神明。而若祖先牌位遷移後，當天適合安神，又逢吉時，則可同時進行安神位的儀式。但仍須請專業、正派的神職人員來處理，以避免觸犯禁忌。

03

易受陰靈
侵擾的地點

　　陰靈通常會在人煙稀少，光線陰暗的空間中出現，也有可能聚集在深山、河流、海邊等荒郊野外，又或者佇足在醫院、凶宅或事故現場等生前往生的地方，以及殯儀館、火葬場等安置往生者的場所。

▍地點 1 缺乏陽光照射的地方

　　長期缺乏光照，光線昏暗的地方，容易受到陰暗的磁場籠罩，成為陰靈聚集的空間。

◆ 地下室

　　在建造大樓時，若有建造地下室的規劃，通常會將地下室做為停車場等空間使用，主要因為地下室多建造在地底下，所以無法接收到日照，易造成環境陰涼、潮濕，空氣也會較不流通，所以地下室產生的磁場會較為陰暗，也較容易聚集陰靈，若人類長期定居在地下室，較容易受到陰靈侵擾，所以也較不會做為居住空間。

處置方法

1. 若在外租屋應避免住在地下室，以免自己的磁場變弱致使和陰靈的磁場過於接近。

2. 若因工作等原因必須長時間待在地下室，那麼平常可以抽空運動，並且晒太陽使自己吸收陽光的能量。

為什麼地下室會有陰靈？
① 無法受到陽光照射。
② 容易潮濕。
③ 空氣不流通。

這樣做就能避免受陰靈侵擾
① 避免居住在地下室。
② 養成運動的習慣。
③ 晒太陽，讓自己吸收陽光的能量。

◆ 夜店

　　夜店在設計空間時，在採光的設計上，多以減少陽光照射為主，因此無法吸收陽光的能量，所以使它們的磁場偏向陰暗，而陰靈出沒的時間以晚上為主，而夜店的營業時間為深夜到凌晨，正是陰靈較為活躍的時候；再加上到夜店的客人多數會飲酒，酒後精神自然不如平時清醒，陰靈就很容易卡在人身上。

處置方法

1. 若較經常出入夜店，平常可以抽空運動，並且晒太陽使自己吸收陽光的能量，以減少負面能量。

2. 飲酒不宜過量，才能避免酒後心神恍惚時，遭到陰靈侵擾。

夜店為什麼會有陰靈出沒？
① 夜店的營業時間為陰靈活躍的時候。
② 採光不引進陽光照射，無法吸收陽光的能量。
③ 飲酒後精神會較恍惚，易遭陰靈侵擾。

這樣做就能避免受陰靈侵擾
① 養成運動的習慣。
② 晒太陽，讓自己吸收陽光的能量。
③ 飲酒不宜過量，才能避免受到陰靈的影響。

▌地點 2　曾有人往生處

◆ 發生嚴重事故的道路

　　道路上的陰靈通常是因為發生車禍而往生，而突然死亡對祂們的衝擊太大，所以如果對人界有遺憾、留戀或怨恨，就有可能停留在往生的地點。所以經過該地的用路人、行人若身體狀況較差或精神較差者，就有可能受到陰靈的侵擾。

處置方法

1. 可到香火鼎盛的正廟向神明祈求保佑行車安全的平安符。

2. 在行車用路時，一定要專心注意路況，路過交通繁忙或容易擦撞、打滑的地點時，也要多注意交通安全，以保護自己和同行的人。

 為什麼道路上會有陰靈？
① 突然死亡的衝擊太大。
② 對世間留有遺憾、留戀或怨恨。

 這樣做就能避免受陰靈侵擾
① 向神明祈求保佑行車安全的平安符。
② 專心注意路況，保持安全距離。

◆醫院

　　突然發病、發生意外的急診病人和長期罹病者等，在這當中，或多或少會有人在生命結束前都在醫院度過。而當人們往生時仍有牽掛、遺憾，就有可能停留在往生前所待的醫院內。

　　當自己的磁場或情緒跟祂們接近時，就可能會卡在自己身上，並希望透過自己達成祂們未完的心願。若在探病、看診，或住院時，如身心靈狀態較差，也比較容易受到陰靈干擾。

處置方法

1. 當人們身體狀況佳的時候，自然能產生保護自己的磁場，不過醫院裡面的病菌較多，出入醫院時，必須勤洗手、戴口罩，以免感染流行性傳染病，進而影響自己的磁場。

2. 醫院裡的陰靈多半不是凶惡的靈魂，所以在進入醫院前，可以準備平安符保身，或在離開醫院後，取芙蓉葉、艾草等植物，加入鹽、米以及陰陽水，進行簡單的淨身儀式即可。

3. 若經常出入醫院者，或因染病而須入住醫院時，可攜帶芙蓉葉在身上，同時也應保持樂觀的心態，就能避免受到陰靈侵擾。

為什麼在醫院容易卡陰？
① 在醫院過世的病人，多因牽掛而留在醫院，所以醫院的陰靈較多。
② 生病看醫生時，身體磁場比較弱。

這樣做就能避免受陰靈侵擾
① 做好防疫準備，以避免感染病菌。
② 進入醫院時，攜帶芙蓉葉。
③ 離開後，以鹽米法淨身。

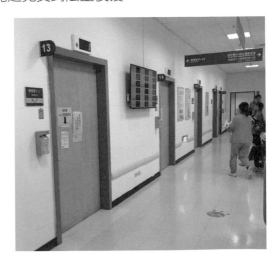

◆ 喪禮、殯儀館、火葬場

　　喪禮是為了告別往生的親友所舉辦的儀式，在儀式完成前，親友的靈魂可能會停留在遺體周圍，體質較為敏感的人可能會感應到往生者的靈魂；另外，也有可能因為參加儀式者的情緒過於悲傷和激動、身體狀況剛好不佳等狀況使身體的磁場減弱，而導致卡到喪禮、殯儀館、火葬場等儀式現場的陰靈。

　　長期滯留在殯儀館、火葬場等儀式現場的陰靈，可能是後人在進行喪葬儀式時不慎將祖先的靈魂遺落在外，因為未受到後代子孫供奉而成為孤魂。祂們接近進入殯儀館、火葬場的人，是希望透過卡在外人身上，讓神職人員注意到祂們，並將祂們渡化到地界，或者回歸到後代子孫所供奉的牌位中。

處置方法

1. 參加親友喪禮時，可以用紅袋子裝芙蓉葉放在身上，離開後將芙蓉葉丟棄，不帶進家門，就可避免受到陰靈侵擾。

2. 若本身為喪家，可在一切儀式結束後，以芙蓉葉、艾草、茉草等植物，加入鹽、米及陰陽水，淨化身上跟隨的陰靈。

3. 參加喪禮時所穿著的衣服、鞋襪不可有破洞，避免被認為與會者不尊重死者與喪家人，且衣著不整，較易使靈氣流失，使陰靈侵入。

4. 攜帶一套乾淨的衣物，在離開喪禮會場後替換，可避免受到陰靈的侵擾。

5. 當身旁的親友往生，心中都難免悲傷哀痛，但仍須節哀，否則會吸引其他帶著悲傷情緒的陰靈跟隨，往生者也易因過於牽掛親友，無法安心離開人界。

Why 為什麼參加喪禮會卡到陰？
① 其他往生者的靈魂可能在喪禮現場。
② 其他的陰靈受到香火吸引。
③ 悲傷的情緒使磁場，與其他陰靈接近。
④ 殯儀館、火葬場等儀式現場附近陰靈較多。

How 這樣做就能避免受陰靈侵擾
① 攜帶芙蓉葉在身上，離開後丟棄即可。
② 喪禮結束後，可用鹽米法淨身。
③ 攜帶一套乾淨的衣服替換。

Note

① 在喪禮儀式中，若要移動往生者的神主牌或遺體時，都必須十分謹慎；將往生者的靈魂引領至神主牌時更須再三提醒祂，避免往生者的靈魂流落在外。

② 喪家在點香火及燒金銀紙是為往生者送行點光明，所以外人不可加入燒金紙的行列，以免外人的祖先以為是要燒給祂們。

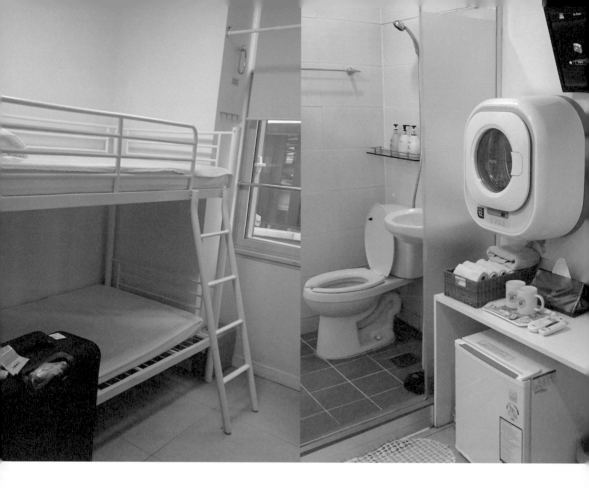

◆旅館

部分旅館興建時沒有考慮風水規畫內部格局，當興建完後，沒有做相對應的處理（如：放山海鎮。）等，而致使煞氣聚集，形成不協調的環境，這些環境容易使陰靈停留、聚集在旅館內，加上旅館出入的人口較為複雜，所以有可能發生前一個旅客身上有陰靈滯留，而當旅客離開，陰靈卻留在飯店內的狀況，而在下一個旅客入住時，就有可能受到陰靈的侵擾。

若過去有旅客在旅館內往生，旅館負責人沒有請專業神職人員進行渡化靈魂的儀式，就會使陰靈滯留在旅館內。當祂們遇上磁場接近的人，就有可能會對人們惡作劇，或是卡在人們身上。

若旅客夜晚住在旅館時，看恐怖電影或說鬼故事，也會使陰靈們聚集過來；若在旅館取出旅途中購買的雨傘或人形紀念品把玩，也可能使祂們誤以為可以跟隨著自己回家。

處置方法

1. 出外旅遊選擇旅館時，除了查詢旅館的相關資訊外，也要保持鎮定清醒的心智，如果感覺到房間內有異狀，可向櫃檯要求更換房間，或者另尋其他旅館住宿。

2. 若磁場足以保護自己，陰靈接近自己時，也可能削弱祂們的能量，所以保持身心靈健康，即可避免受到干擾。

3. 行前可向正廟的神明求平安符，避免旅途中遇到陰靈干擾或跟隨。

4. 進入旅館房間前，先敲門三下，讓陰靈知道自己將要進入後再開啟房門，並在開門時側身，以免與陰靈相衝撞。

5. 進入房間後，先將馬桶中的水按壓沖洗，使廁所的水流動；再將床上的棉被掀開，避免陰靈附著在棉被上；打開衣櫃、抽屜等空間使空氣流通，避免陰靈躲藏。

6. 晚上睡覺時，除了可留床頭燈，也可將浴室的燈打開，持續到退房，並且將自己穿的鞋子凌亂擺放，避免夜晚睡覺時，受到陰靈干擾。

7. 不建議將衣服掛在衣櫃，因為旅館內的陰靈可能會依附在衣服上。如要將衣服掛在衣櫃，穿之前要甩一甩，即可讓附在衣服上的陰靈離開。

8. 旅館業者可放置水晶等物品避邪，並時常清理淨化。若房客發生不幸意外時，須請專業、正派的神職人員超渡陰靈，使旅館維持正面的磁場。

為什麼旅遊住宿會卡到陰？

① 旅客在旅館內過世。

② 興建時沒有將風水納入規畫格局的考量。

③ 看恐怖電影或說鬼故事。

這樣做就能避免受陰靈侵擾

① 向神明請求平安符，並隨身攜帶。

② 進入旅館房間前，先敲門三下，開門時須側身。

③ 先將馬桶中的水按壓沖洗。

④ 將床上的棉被掀開。

⑤ 晚上睡覺時，可留一盞燈光。

⑥ 鞋子凌亂擺放。

⑦ 不說鬼故事或看恐怖電影。

⑧ 旅館業者可放置水晶等物品避邪。

⑨ 當旅館內有人往生，須請專業且正派的神職人員渡化。

⑩ 點亮浴室的燈直到退房。

地點 3 荒郊野外

◆ 海邊

　　在海上航行時，有時會因變化多端的海象發生船難，不管是熱帶地區常產生的熱帶氣旋，或是寒帶的冰山，若航行時沒有注意，不幸發生船難，會難以尋回遺體，並進一步安葬親人，所以往生者的靈魂可能因此停留在遇難處，無法順利到地界。

處置方法

1. 漁船出海捕魚時，可時常祭拜神明，以祈求海上的陰靈不干擾航行，並保佑航行平安。

2. 配戴水晶、玉石或平安符等增強磁場的物品，使陰靈不易接近自己。

3. 停留在海上的陰靈，因無法自行脫離遇難的地點，所以會以「抓交替」的方式離開人界，回到地界，因此若是討海人，或是常進行海上活動者，若剛好當時運勢較差，或是靈氣較不足者，皆須特別注意安全和注意當時的精神狀態是否清楚，以免因一時不注意而喪命。

4. 體質較敏感的人，若到海邊進行浮潛、衝浪等活動後，感到身體不適，可以用芙蓉葉或茉草或艾草，加入鹽、米及陰陽水洗澡。

為什麼到海邊會卡到陰？	這樣做就能避免受陰靈侵擾
Why ① 海上發生船難，往生者可能會留在海邊或海上。 ② 海中暗流難以觀察，易因陰靈作祟而發生意外事故。	How ① 出海捕魚前，須先祭拜神明，以祈求平安。 ② 配戴水晶、玉石或平安符等物品增強磁場。 ③ 穿著救生衣，做好防護措施。 ④ 回家後，以鹽米法淨身。

◆ 溪流河川

若溪流河川為較湍急的類型，而附近居民因颱風、洪水等天災而死亡，突然往生的強烈衝擊，易使祂們心中帶著遺憾、憎恨或留戀的情感，而留在河流中。

另外，在河川中常有許多暗流，在水面上無法判斷它的位置，所以在進行水上活動，包括：溯溪、泛舟、游泳等與水相關的活動時，如果不幸發生意外，可能會難以找到往生者的遺體並進行超渡，也使祂們的靈魂無法前往地界而停留在河流中。

處置方法

1. 若因天災或其他因素造成人們往生，就必須安排法會等儀式撫慰往生者，引導祂們前往地界，才能避免祂們成為滯留在人界的陰靈，進而產生有人卡到陰靈或抓交替的事件。

2. 在進行水上活動時，必須穿著救生衣及防護設備，做好充足的暖身，以免在水中發生抽筋等意外，使陰靈有機可趁。

3. 若從事水上活動後感到身體不適，除了請醫生診療外，也可用芙蓉葉或茉草，加入鹽、米及陰陽水洗澡。

為什麼到河邊玩水會卡到陰？

① 若颱風、洪水等天災而往生，靈魂未受到渡化，可能會留在原地。

② 河水湍急難測，往生者會停留河中，等待時機抓交替。

這樣做就能避免受陰靈侵擾

① 若發生天災或其他不幸的意外，必須安排法會等儀式超渡亡者。

② 進行水上活動時，必須穿著救生衣，做好防護設備，以免使陰靈有機可趁。

③ 回家後，以鹽米法淨身。

◆深山

　　若親友過世後選擇土葬，地點多在山上，並世代受到子孫供奉及在墳墓中安息，若是受到旁人打擾，便會卡在人們身上；或人往生後，後代子孫沒有能力安葬祂們，其他人便會將遺體埋葬在山區，但因往生者的靈魂無法被超渡，且後代子孫不會定期掃墓、供奉，致使靈魂難以安息，就可能會成為山上的陰靈；或是山友登山途中，因山難往生的人，會比較難以找尋遺體，陰靈也可能會停留在山中。

　　山中的高大樹木會遮蔽陽光，部分山區白天也處於陰暗的狀態，在山上的陰靈會自然地接近陰暗處，當人們路過時，陰靈就會跟隨磁場相近的人，使人們受到陰靈侵擾。

處置方法

1. 向神明求平安符保平安，但須避免平安符沾到水而失效。

2. 進入山區時應保持對大自然的崇敬，不可任意攀爬樹木，在樹上刻字或隨意丟棄垃圾，甚至隨地便溺，以免得罪山中的陰靈或神靈。

3. 登山時應保持精神集中及穩定的體力，隨時注意身邊的環境，不可因專注拍照，或受到山上的花、鳥等動植物的吸引，而忽略周遭的危險，而因此往生。

為什麼登山旅遊容易卡到陰？

Why
① 山區曾是埋葬往生者遺體的地方。
② 山難的往生者，可能停留在山區。
③ 高大樹木遮蔽陽光，形成聚陰的風水。

這樣做就能避免受陰靈侵擾

How
① 登山前向神明求平安符。
② 必須保持對大自然的崇敬的心理。
③ 保持精神集中及穩定的體力，使自己不受陰靈侵擾。

▌地點 4　人煙稀少的地方

◆閒置、廢棄已久的空屋

　　如果空屋閒置過久，長期沒有人走動，空氣不流通，又照不到陽光的話，就容易使陰靈聚集，身心靈狀況較不佳的人，如果進入裡面便容易受到陰靈侵擾。

處置方法

1. 取芙蓉葉、艾草等植物，加入鹽、米及陰陽水，淨化房屋內外的磁場，但須注意在淨化時，低聲說自己要清掃房屋，請地基主暫時避開。

2. 時常將閒置的空屋清理打掃，保持空氣流通，光線充足，就能避免發生陰靈聚集的情況。

 為什麼進到閒置的空屋會卡到陰？
Why　缺乏陽氣的磁場流動，會吸引陰靈停留。

 這樣做就能避免受陰靈侵擾
How
① 取芙蓉葉、艾草等植物，加入鹽、米以及陰陽水，淨化房屋。
② 保持空氣流通，使光線充足。

▌其他地點

◆宮廟

　　當生活中需要宗教信仰的寄託時，可能會向宮廟或佛寺求助，但要注意祭拜的宮廟是否為陰廟，因有些宮廟供奉的並非正神，有時是為了安撫停留在人界的靈魂而建立的廟宇，若有所祈求就可能要付出回報，否則會遭遇厄運。

　　而出沒在正廟附近的陰靈，多半是希望被神職人員渡化到地界，所以藉由卡在人們身上，以便透過人們尋求神職人員的幫助，作為前往地界的途徑和方法。

處置方法

1. 可向神明請求平安符，以避免卡到陰。

2. 避免向陰廟祈求財運、桃花等因個人私欲產生的願望。

3. 在陽氣充足的白天到宮廟祭拜，平時避免夜晚到宮廟。

Why 為什麼去宮廟拜拜會卡到陰？	**How** 這樣做就能避免受陰靈侵擾
① 希望被渡化到地界的陰靈，會出沒在宮廟附近。 ② 部分宮廟供奉的非正神。	① 向神明求平安符。 ② 避免向陰廟祈求事物。

Note

正廟和陰廟的差異

① 一般正廟的牌匾上會有「玉敕」或「玉旨」二字。

② 一般正廟的屋頂會挑高讓陽光照進廟宇，而陰廟則會把屋簷建得較低。

③ 傳統的宗教習俗認為奇數屬於陽數，偶數則是陰數，所以正廟的階梯，窗戶上的木條，都是奇數；陰廟則是偶數。

④ 管理陰靈事務的正神，如地藏王菩薩、城隍爺、閻羅王等皆有正式的神格，祂們的廟宇建築會類似陰廟，但仍屬於正廟。

⑤ 生前在地方上保衛鄉里，或貢獻地方的人，往生後受到大家的崇敬，而建義民廟供奉，雖無神格，但建築的設計仍類似正廟。對地方有幫助的陰神，雖然沒有正式的神格，但在信徒心中會逐漸轉為守護地方的神明。

04

易受陰靈
侵擾的時間點

當人保持身心靈健康，磁場也會自然形成正向的磁場，並保護自
己，即使經過有陰靈的地方，也不會對人們造成影響；但若精神恍惚，
心智不堅定就容易受到干擾，或者長時間體質虛弱，也會使磁場變弱
而容易受到陰靈侵擾。

農曆七月

　　相傳農曆七月是鬼門開，為地界的陰靈來到人界的時間，在該月只要陰靈沒有觸犯與人類之間的分際，神明也就不會驅逐懲罰。這時候各地的陰靈自然會變多，其中或許會有少數喜歡惡作劇的陰靈，所以人類為了生活不受干擾而有祭拜陰靈的習俗（中元節），藉此讓祂們感到受尊重款待，而不會侵擾人類。

◆處置方法

1. 注意自己的言行，避免無意中冒犯陰靈。

2. 即便信仰其他宗教，或不相信陰靈存在，也不宜有輕蔑的態度。

3. 夜晚屬於陰靈較活躍的時間，農曆七月時應盡量避免晚上在外活動，以免因偶然接觸到陰靈，而受到侵擾。

4. 保持個人身心靈健康，原有的磁場就能保護自己，而在這段時間只要以平常心面對即可。

農曆七月會比較容易卡到陰嗎？
① 農曆七月是開放地界的靈體，來到人界的時間，所以陰靈會變多。
② 陰靈沒有觸犯與人類的分際，神明就不會驅逐懲罰。

這樣做就能避免受陰靈侵擾
① 注意自己的言行，避免冒犯陰靈。
② 減少夜晚在外活動，避免接觸陰靈。
③ 保持自己的身心靈健康。

▌情緒低落壓力大的時候

　　當人們的壓力、情緒等負能量長期累積的時候，磁場也會傾向負面，這時就很容易與陰靈的磁場接近；而且心理會影響生理，當自己的身體狀況變差時，就更容易使自己的磁場變微弱，進而受到陰靈侵擾。

◆ 處置方法

1. 運用運動等增進身體健康的休閒活動，除了增加自己的能量外，也可適時地排解自己的壓力和情緒，使磁場保持正向。

2. 尋求家人、朋友或心理醫師的幫助，讓自己維持穩定、正向的心理狀態。

為什麼壓力大、心情不好會卡到陰？
壓力、情緒等負面能量累積時，磁場也會傾向負面。

這樣做就能避免受陰靈侵擾
① 適時排解壓力。
② 養成運動的習慣。
③ 使自己的心理狀態穩定、正向。

▌身體較虛弱的時候

　　當人們的身體狀態不好，如生病感冒或女性生理期等時期，人們的磁場會比平常弱，使得陰靈有機會接近並干擾自己。

◆處置方法

1. 在身體狀況差的情況下卡到陰，陰靈通常不會停留在自己身邊太久，因當自己的身體狀況恢復時，原有的磁場就會保護自己，使陰靈遠離。

2. 若有感冒等傳染病的症狀，可以請醫生治療，並且配合醫生的治療方式；如果沒有起色，再諮詢專業、正派的神職人員，了解是否卡到陰，並進行收驚等儀式。

3. 如果對於卡到陰的狀況有疑慮，可以先用簡易的方式除陰。

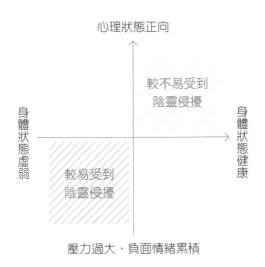

05

易受陰靈
侵擾的人

身體狀況不佳、靈魂渴望修行的人，或欲望太多的人都容易受到
陰靈侵擾。

▌身體狀況不佳：運動，不晒太陽，作息晨昏顛倒

　　當人們長期缺乏運動，作息晨昏顛倒，使得身體狀況不佳時，自己的磁場就會減弱，進而受陰靈侵擾。

◆處置方法

　　如果無法調整目前的生活作息，可以從養成定期運動的習慣開始，加上常晒太陽，就使自己的磁場更為充足飽滿，就能避免陰靈接近。

為什麼身體虛弱就會卡到陰？
身體虛弱時，磁場也會減弱，其他陰靈就有可能接近。

這樣做就能避免受到陰靈侵擾
① 定期運動。
② 晒太陽。
③ 調整作息。

▌修行者

　　帶著遺憾往生的陰靈，可能因無法放下生前掛念的人和事，而停留在人界，因此會希望有人能幫助祂處理心頭掛念的事，或幫助前往地界。所以，陰靈認為修行者比較有可能與祂們溝通，且了解如何幫助祂們。

◆處置方法

1. 如果修行者無法幫助遇到的陰靈，應該向陰靈表明自己的能力到哪，以免受到陰靈長期侵擾，進而影響自己的磁場。

2. 可使用芙蓉葉或艾草或茉草，加入鹽、米及陰陽水，洗淨身體，就能表達請陰靈離開的意願。

3. 可在居所種植艾草、茉草等淨化空氣及磁場的植物。

已經修行了也會卡到陰嗎？
停留在人界的陰靈，可能以為修行者能幫助祂而接近。

這樣做就能避免受到陰靈侵擾
① 可用鹽米法淨身，讓陰靈離開。
② 可種植艾草、茉草等植物淨化磁場。

▌靈逼體（靈光病）

靈逼體又稱為靈光病，是指當靈魂想要修行，身體卻沒有進行修練，而造成身體不適，時常頭昏腦脹，到醫院檢查卻又無法找出原因改善症狀，使自己逐漸變得脾氣暴躁，甚至諸事不順。

靈逼體的靈魂有著比一般人更多的能量，如果不能時常保持身心靈的健全，及做好適當的保護，就容易遭到陰靈纏身。

若想要了解自己是否為靈逼體，可以嘗試接觸經文，進行與修行有關的事務，及了解不同的靈修途徑；以及投入修行以後，生活中不順遂的事情是否有減少。

◆處置方法

透過專業、正派的神職人員，請神明將自己的靈魂暫時安撫，避免引起陰靈注意而接近。但暫時安撫靈魂的方法，只是一時治標；仍須找尋有緣的引導者，請他們找尋適合自己的靈修方式及道路，使靈魂真正得到提升，才能解決靈逼體的根本問題。

Why 我得了不修行就會卡到陰的病嗎？	How 這樣做就能避免受到陰靈侵擾
靈魂想要修行，身體卻沒有進行修練。	① 透過專業、正派的神職人員，請神明將自己的靈魂暫時安撫。 ② 進行修練。

▌欲望強，妄念重的人

會回應人類欲望的陰靈，多數是由經過修練或是被供奉的陰靈回應，且多為要有所回報才會幫助人的陰靈。部分的陰靈可能會較為偏激，未必是一般人所能理解；部分陰靈則認為已經出手幫助，卻未獲得相應的回報，可能會使祈求的人失去更多，所以盡量由自己付出努力而獲得的東西，才是真正屬於自己；若輕易獲得龐大利益，多半還是會因為其他原因而失去。

◆處置方法

若自己曾有求於陰靈，就必須還願，否則可能會付出更多代價，所以盡可能不向陰靈祈求，以免自己卡到陰，惹禍上身。

Why **人有那麼容易卡到陰嗎？** 有求必應的靈，多數是經過修練或被人供奉的陰靈。	*How* **這樣做就能避免受到陰靈侵擾** ① 避免向陰靈祈願。 ② 曾經有求於陰靈，就必須還願。

█ 體質敏感的人

　　每個人都有屬於自己的磁場和頻率，體質比較敏感的人，磁場和頻率比一般人更接近陰靈，所以當陰靈從身邊經過時，會比一般人更容易感到身體不適，並受到陰靈侵擾，但人的磁場和頻率是隨時變動的，有可能從原本感受不到的陰靈的體質，變成敏感體質。

◆ 處置方法

1. 配戴水晶、玉石等物品增強自己的能量。

2. 向神明或專業、正派的神職人員請求平安符。

3. 維持穩定的生活作息，良好的運動習慣，並藉由晒太陽吸收陽光的能量。

4. 若是感受到陰靈的磁場時，須盡量遠離，並以鹽米法等方式，除去陰靈的磁場。

我的體質容易卡到陰嗎？

① 每個人的磁場和頻率都不一樣，有的人比較能感受到陰靈。

② 人的磁場和頻率是隨時變動的，有可能從原本感受不到的陰靈的體質，變成敏感體質。

這樣做就能避免受到陰靈侵擾

① 可配戴水晶、玉石等物品，增強能量。

② 向神明請求平安符。

③ 維持穩定的生活作息，良好的運動習慣及晒太陽。

④ 以鹽米法淨身。

06

受陰靈
侵擾後的影響

　　一般而言，卡到陰的時候，睡眠品質會變差，容易做惡夢，會感到非常疲憊、甚至頭腦昏沉、身體痠痛，或精神恍惚、意志消沉、氣色暗沉，也可能會有感冒、發燒、腹瀉、頭痛等，看醫生也無法處理病痛。

　　一般陰靈卡到人們身上時，大約持續 1～2 周就會自行離開，人們只要保持作息正常，到空氣好的公園多走走，使身心靈維持健康的狀態，陰靈自然就會遠離。

█ 精神層面的影響

卡到陰時，精神上會使人們情緒起伏不定，言行突然顛三倒四，引發憂鬱症、躁鬱症，甚至是精神分裂症。

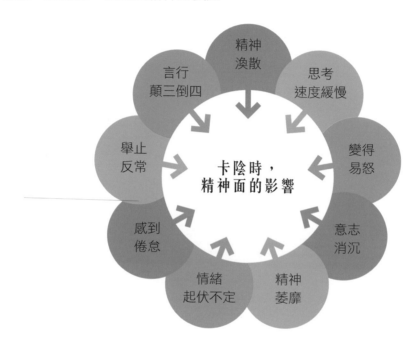

█ 生活上的影響

因為卡到陰會使人們身體虛弱，導致生病，也會使人們精神渙散，經常失眠做惡夢，因此也會造成記憶力變差，時常感到疲憊。

長期卡陰也會使人們的性格變得易怒且情緒化，與旁人相處就很容易出現摩擦，同時造成思維傾向負面消極，甚至產生輕生的想法和行為。

▌對運勢的影響

　　卡到陰會使人們的運勢低落，甚至容易發生意外；事業也會受到挫折，容易負債、破產，即使原本有飛黃騰達或平步青雲的命格，卡到陰仍會使人們無法走向自己本有的命運。

▌生理層面的影響

　　如果卡到陰，生理上會使身體變得虛弱，如：頭痛、肩頸痠痛、感冒、中暑等，產生的狀態因人而異，不過身心靈狀況穩定的人會比較容易復原。

　　若本身的體質虛弱或心智渙散，那麼卡到陰所引起的症狀，就連常見的小病（如：感冒等），都難以用醫藥治癒。

　　若長時間處於卡陰的狀態，會逐漸使身體機能產生病變，且至醫院就診時，按照醫生處方箋定時服藥，都無法看到明顯的療效，若是病情惡化到醫院無法醫治的程度，即使之後請專業神職人員協助請走了卡在身上的陰靈，解除了卡陰的狀態，但因卡陰所引起的疾病，已破壞人體的器官及生理機能，致使身體無法再發揮自我修復的功能，所以若發現類似狀況，建議可請專業神職人員處理，以免使身體機能產生病變，導致無法正常生活。

◆ 卡到陰的時候，我們的身體會有什麼症狀？

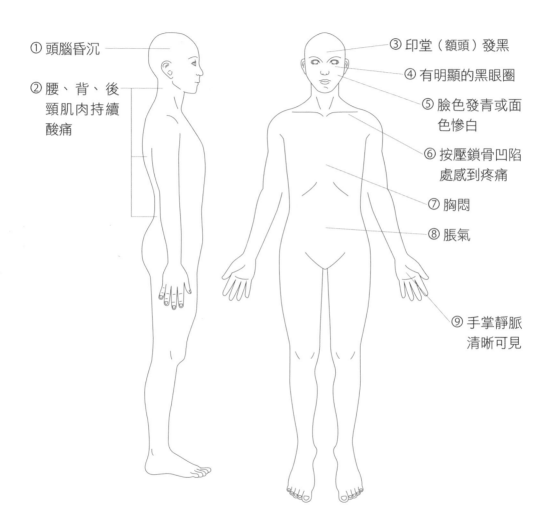

① 頭腦昏沉

② 腰、背、後頸肌肉持續酸痛

③ 印堂（額頭）發黑

④ 有明顯的黑眼圈

⑤ 臉色發青或面色慘白

⑥ 按壓鎖骨凹陷處感到疼痛

⑦ 胸悶

⑧ 脹氣

⑨ 手掌靜脈清晰可見

其他影響

⑩ 食欲明顯降低或增加；⑪ 身體無力；⑫ 身體變得虛弱，感到非常疲憊；
⑬ 突然變得怕冷；⑭ 腳底無力，有懸浮感。

卡陰超過兩周以上的影響

　　一般而言，陰靈不會卡在人們身上太久，多數的陰靈是希望人可以幫祂處理生前未完成的事，或者超渡祂，幫助祂投胎；除非是人們不小心冒犯到祂們，或是卡到冤親債主，誤信陰神等因素，否則按照一般的日常生活起居，自然會形成足以保護自己的磁場。

　　如果從一般的醫療找不到病因，或難以治癒，可透過專業且正派的神職人員探查原因，確認自己是否卡到陰；再尋求神職人員幫忙與陰靈溝通，並以收驚等依各自宗教、派別所舉行的儀式，使陰靈離開自己的身旁。

運勢

運勢低落，易發生意外；事業受挫，可能負債、破產。

生理

身體變得很虛弱，連一般小病也難以用醫藥治癒。

生活

變得易怒且情緒化，思維傾向負面消極，甚至產生輕生的想法和行為。

卡陰的影響

精神

情緒起伏不定，言行突然顛三倒四，引發憂鬱症、躁鬱症及精神分裂症。

07

預防陰靈的
方法

　　每個人都有情緒低落，生病感冒或較為疲憊的時候，這時候應
該怎麼做才能避免陰靈接近？

▌配戴或放置水晶、硨磲、碧璽等能量石

水晶、硨磲、碧璽等能量石，能強化人們的磁場，當磁場更為穩定完整，就能形成保護人們的屏障，陰靈就不會接近人們。

每一種能量石都有不同的特性和能量，人們可以依據自己的環境及需求，選擇不同的能量石。

選擇能量石的同時，也要注意能量石是否曾經吸引其他陰靈，並以光屋、流水等方式做好適當的淨化，更要持續清潔，以免能量石吸引其他磁場的陰靈。

▌向神明祈求平安符

若是出門在外擔心自己卡到陰，可到正廟向神明請求賜予平安符，就能避免偶然卡到陰。

向神明請求平安符，須先敬拜宮廟內的所有神明，才能回到主殿向宮廟主神請求平安符。

◆祭拜神明時須知

1. 穿著過於隨便，如穿著拖鞋、戴帽子進入廟內等，可能會被視為對神明不敬，而無法達到祈求的結果。

2. 不可在宮廟內大聲喧嘩，因宮廟祭祀的神明，都希望保持莊嚴蕭靜，不宜吵鬧。

3. 如果神明不了解自己的問題，就不會回應自己的請求，或者只給自己答案不明確的籤詩。因此請求平安符或籤詩時，要特別注意：

   ‧必須明確說出需要平安符的人的姓名、生日及現居地址。

   ‧請求平安符或籤詩的原因，必須說明清楚。

4. 女性生理期不宜入宮廟，產婦則必須做完月子才可祭拜神明。

◆ 平安符的使用和禁忌

1. 求得平安符後，可放在車上保佑行車平安，或帶在身上避開陰靈，也可掛在家中避免陰靈佇足。

2. 若將平安符放置在浴室、廁所是對神明不敬，無法達到避邪、保平安的作用。

3. 求得平安符後必須適當保存，如果沾到水可能使平安符失效。

4. 平安符不宜借給他人，因為人們向神明祈求平安符時，就是請求保佑個人平安，如果有其他希望獲得神明保佑的人或事，必須再向神明祈求，並且透過擲筊確認。

5. 向神明求得平安符後，若接觸到陰靈或負面的磁場，保佑平安的力量可能會減弱，經過一段時間後可能會逐漸失去原來的效力，所以部分宮廟會建議不定時過一次香爐，以維持平安符的力量，但須注意在一個禮拜後再行過爐會較為恰當。

▌種植艾草或芙蓉葉

　　如果搬遷到新居，對於房屋內的環境有所疑慮，可種植艾草、芙蓉葉等植物，以改變房屋的磁場。

◆艾草

1. 艾草能淨化空間內汙穢的磁場，並將其轉變為正向的磁場。種植艾草盆栽可改善風水，也可放置在床頭、床尾，避免陰靈在人們睡覺時，干擾人們的磁場；外出時也可摘艾草葉片攜帶在身上，避免無意間卡到陰。

2. 可到中草藥店購買艾草枝葉，請店家磨碎以後，放在家中乾燥處；當人們外出時，可以攜帶一些艾草粉末燃燒薰香，或在家點燃煙熏，淨化家中磁場。

◆芙蓉葉

1. 芙蓉葉是常被用以除陰、避邪的植物，芙蓉葉可充分吸收陽光日晒的能量，若能在家中種植芙蓉葉，並使其經常受到太陽照射，就能防止陰靈接近。

2. 若到荒墳、喪禮等地，可摘幾片芙蓉葉隨身攜帶，就能避免陰靈接近人們，但須在回家前將身上的芙蓉葉丟棄。

> **Note**
>
> ### 艾草、芙蓉葉以及茉草的分別
>
> 這三種植物皆可讓人們遠離陰靈，但使用的時機、對象仍有分別。
> ① 芙蓉葉能掃除人們身上沾到的陰靈，或沖煞所帶來的磁場干擾。
> ② 茉草能化解陰靈接近人們所帶來的陰暗磁場。
> ③ 艾草能淨化空氣，降低瘴癘、汙濁的頻率。

Part 4

解陰避煞的方法

除陰化煞 DIY　鹽米法、薰艾草條、黃高錢　\　空間檢測與淨化

空間檢測法、空間淨化法　\　調整身心靈　規律生活、觀想、冥想

01

除陰化煞
DIY

當人們感到身體不適，看醫生又找不到病因時，可以嘗試運用簡易的方法除陰，以幫助人們恢復正常狀態，避免長期卡到陰影響自己的身體健康和磁場頻率。

方法 1 鹽米法

◆ 準備物品

1. 粗鹽。

2. 七粒白米。

3. 七片茉草或艾草或芙蓉葉（花店即可取得新鮮的茉
   草、艾草和芙蓉葉，如果需要乾燥的芙蓉葉粉末，到中藥
   草店購買即可）。

4. 冷水及熱開水（即陰陽水）。

◆ 使用步驟

① 將粗鹽、白米和茉草（或艾草、芙蓉葉），放在澡
   盆中。

② 承步驟 2，在澡盆中加入冷水。

③ 承步驟 3，在澡盆中加入熱水。

④ 最後，到澡盆中進行泡澡，出汗後即可達到除
   陰淨身的效果。

方法2 薰艾草條

◆ 準備物品

1. 艾草條（可在中藥草房購買，注意查看當中的艾草是否純正，若是化學成分就沒有除陰效果）。

2. 火柴或打火機。

3. 少許鹽。

4. 冷水及熱開水（即陰陽水）。

◆ 使用步驟

① 將室內所有窗戶打開。【註：若不打開窗戶，負面磁場（陰或煞）會留在室內，或再次進入自己身上，但若在室外則免此步驟。】

② 取艾草條。

③ 將艾草條點燃。

④ 將點燃的艾草條，在頭上順時針繞三圈。

⑤ 重複步驟4，在胸前上下揮三次。

⑥ 承步驟5，在背後上下揮三次。

⑦ 承步驟6，將點燃的艾草條放低，讓卡陰者跨過艾草條。

⑧ 最後，喝一杯溫熱的鹽水即可。（註：即陰陽水加鹽。）

方法 3 燒黃高錢

◆ 準備物品

1. 黃高錢。

2. 打火機。

3. 少許鹽。

4. 冷水及熱開水（即陰陽水）。

5. 臉盆。

◆ 使用步驟

① 準備一個乾淨的臉盆。

② 在臉盆內依序倒入冷水和熱水，調成陰陽水。

③ 取黃高錢及打火機。

④ 將黃高錢點燃，並放入陰陽水內。

⑤ 最後再以黃高錢淨身或取噴灑式容器將水裝入後，淨化室內環境即可。

Note

鹽米法和薰艾草條等方法，能使偶然依附在人們身上的陰靈離開，但如果卡到陰的情況已經持續較長時間，或是出於因果的冤親債主，就不能用這兩種方式處理，必須尋求正派、專業的神職人員或宮廟幫助人們，並且聽從指示才能解決卡到陰的問題。

02

空間檢測與淨化

如何知道人們日常起居的環境中有沒有陰靈，是否需要淨化空間？以下介紹空間檢測以及淨化環境的方法。

▎空間檢測法

陰靈等負面能量與人類共同存在世界上，人們所行走的道路，辦公的場所都可能有陰靈存在。一般而言人和陰靈的磁場不同，彼此不會接觸到，但若是日常生活的環境有陰靈存在，就有可能造成負面的影響。以下介紹可自行 DIY 檢測的方法，以蠟燭、靈擺為例。

◆蠟燭、薰香、線香檢測法

藉由蠟燭的火苗或薰香、線香的燃煙，觀察室內磁場的流動，是最容易運用的檢測法，不須經過訓練，不具備特殊體質也能使用外，蠟燭、薰香或線香等工具也容易取得，但須注意使用時的安全。

準備檢測室內空間時，將門窗關閉以避免空氣對流的干擾，並且在室內找一處無風的位置，手持點燃的蠟燭、薰香或線香，保持穩定的狀態觀察，若薰香或線香的燃煙呈直線，蠟燭的火苗不會晃動，表示室內環境沒有受到陰靈影響氣場。

如果站在無風的地方，並且保持穩定的拿著燭火或線香，燭火仍然不斷晃動，薰香或線香的燃煙也飄散開來，就有可能是室內有陰靈造成氣場不穩定，使燭火和燃煙在無風的空間晃動、飄散。

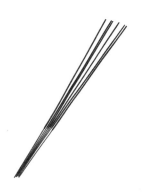

◆ 靈擺檢測法

靈擺是將水晶、玉石等能量石，或者對自己有特殊意義的鑰匙等物品，用線串起呈垂墜狀。使用靈擺時只要拿起線，讓水晶等物品自然垂在下方，並想像靈擺規律擺動的樣子。

當靈擺感應到持有者的意志時就會有規律地擺動，一般人使用靈擺時都須要經過練習才能使靈擺隨自己的意志擺動，如果靈擺能感應人們的意念而規律擺動就是成為屬於自己的靈擺。

使用靈擺可以檢測自己的磁場，或者周圍環境是否存在陰靈等負能量，也可以作為調整自己或淨化空間磁場的方法。

▌空間淨化法

◆ 精油、純露淨化法

由植物中萃取而來的精油和純露，依植物的屬性各有不同的能量，某些植物精油對於淨化負面能量有特別的功效，以下以杜松、絲柏等精油為例，說明使用方式。

杜松精油、純露

在歐洲的靈學觀念中相信，杜松有排除負面能量的效果，如中古世紀曾將杜松作為消毒抗菌的藥品。它本身清新而略帶刺激的木質香氣，可用於提振精神、淨化思緒，及排解消極心理的功用。

使用時可將純露作為隨身噴霧，淨化身邊的磁場；精油則可以作為薰香或放在水氧機中，清除空間中的負面能量。

若參加喪葬儀式或有負面能量的場合，也可以在回家前，用杜松精油、純露淨化身上的磁場。

岩蘭草

又稱為香根草，源自印度，後來傳到中國及其他熱帶國家。印度將岩蘭草精油稱作寧靜之油，它的木質香氣類似檀香，有鎮靜情緒、安撫心靈的效果，能改善失眠的症狀；從心理上緩解卡陰、沖煞所造成的心神不寧的狀況；同時也能提高紅血球攜氧量，使自己的精神更為專注集中，不受負面能量的影響。

如果發生沖煞或卡陰的情況，但礙於自己宗教信仰與傳統習俗衝突，不能到宮廟進行收驚儀式，可以嘗試運用岩蘭草精油或純露，使自己受到驚嚇和衝擊的心靈回復到往常的狀態。

使用時可將精油或純露擦拭在鎖骨、胸口或丹田等位置，也有人會將岩蘭草精油放在水氧機或流動的造景水池中，提升環境磁場的能量。

絲柏

又被稱為西洋檜，它的木質香氣可以安慰憂鬱的情緒，並且達到平衡身心靈狀態的效果。當人們受到負面能量的影響時，絲柏可以幫助人們緩解受到衝擊而失衡的狀況。

使用時可將精油放在水氧機中，或以薰香的方式，提升環境磁場能量。

◆鹽米法

鹽和米擁有除穢的效果，加上調和陰陽的陰陽水（熱水加冷水），就能淨化磁場，但在淨化磁場的時候，須注意到，窗戶及出入口皆要打開，才能使負面磁場離開，以調節室內磁場。

◆燒艾草

艾草為較易取得的解陰化煞物品，所以若要以艾草淨化空間，除了可以燒艾草外，也可取以艾草製成的艾絨（艾草曬乾後搗製而成），以薰香的方式淨化空間，以達到淨化負面磁場的效果。

◆靈擺淨化法

靈擺是與主人產生連結後，才能在使用時一致、規律地擺動，所以透過靈擺的擺動能將主人和靈擺的能量發揮出來，所以當人們有屬於自己的靈擺以後，不僅可以運用靈擺檢測自己的磁場能量，也可以用來淨化自己周圍的負面能量。

若感受到空間中突然有陰靈等負面能量時，可以適時地淨化自己周圍的環境。

◆ 光屋

　　光屋，被稱為風水淨化劑，除了可以淨化空間外，也可以替水晶消磁。一般購買到的光屋多是濃縮液，所以在使用時，可以先準備噴霧式空瓶，再滴 2 ～ 3 滴光屋，並裝水稀釋後，再使用在需要淨化的空間，以維持好的能量。

◆ 鹽燈

　　在室內擺放鹽燈，除了可以淨化磁場外，也具備吸收濕氣，改善個人情緒等功用，而鹽燈的體積大小，會和淨化的空間範圍有關，若須調節的空間愈大，就會需要愈大的鹽燈。

Note

淨化程序及須知

Step 1　淨化前要將全部的窗戶、門，以及衣櫃打開。主要要將濁氣驅離須淨化的空間。

Step 2　在淨化空間時，要和地基主說：「現在要開始淨化空間，請地基主退開。」以免傷到地基主。

Step 3　由房內角落、衣櫃、廁所等空間往大門外淨化，淨化完成後，再將窗戶及門關起。

03

調整身心靈

　　除了前面提到的幾種淨化負面能量的方法，能避免負面能量長期卡在身上外，如果要達到治本的效果，就須調整身心靈的狀態，提升自己的磁場能量，如此陰靈、煞氣等負面能量就無法干擾自己。以下以調整生活規律、觀想為例，介紹在生活中較容易執行的方法。因提升自己的能量，保持穩定健康的身心靈狀態，才能從根本解決問題。

▌規律生活

◆ 充足睡眠

良好的睡眠品質是身心靈健康的基礎，長期失眠不僅會使自己的精神渙散，更會影響身體健康，使自己的能量減弱，也就容易受到負面能量侵擾。

有了充足的睡眠，精神就比較能夠保持專注，也就不容易被陰靈干擾或受到煞氣衝擊。

◆ 養成運動的習慣

當身體的狀態健康，人們的磁場能量也會得到提升，而且也能使心靈得到適度的放鬆和舒展，讓身心靈獲得平衡，所以養成持續運動的習慣就能幫助人們遠離陰靈和煞氣的干擾。

◆ 親近自然

生活在城市中較少接觸自然環境，容易累積過多的壓力使身體僵硬、緊繃，甚至受到負面能量侵擾。

在天氣好的時候到戶外接觸新鮮空氣，釋放壓力，同時也能晒晒太陽去除負面能量的影響，並且透過與土地連結，讓自己的身心靈回復到平衡的狀態。

▎觀想

　　是指當人們看過某件物品或者某個人物並且保留下來的印象。在心中產生該物品或人物的畫面，並且持續專注地使自己的思緒停留在畫面上，即是觀想某物或某人。這原本是佛教密宗的一種引導心念的方法，近年來有人將觀想的方法運用在吸引力法則中。

　　當人們一心專注的觀想著某件美好的事物時，就會對該項事物發出能量並且得到回應。如果人們心中時常觀想某件美好事物，就會增加更多接近該項事物的動力。

　　藉由這種觀想能使心靈更加愉悅，提高自己的磁場和能量。觀想可以讓心念輕鬆且專注的朝向正面思考，不限時間、地點都能持續觀想。

　　當人們在觀想初期時所聯想到的畫面可能只有模糊的輪廓，但也不須要勉強自己想到更清晰的畫面，只要經過練習就能使觀想的畫面更清晰。

▍冥想

　　是沉靜心靈，鍛鍊心性的方法。人們在環境變動快速的時代，每天都過著忙碌的生活，很少有機會靜下來關注自己的內心深處，藉由冥想可以了解自己的心靈，以及自我省思，從而強化身心靈的正面能量，提升防禦陰靈和煞氣的精神力。

　　大部分人對冥想的概念大多是有關佛教的修練，但是在西方的研究當中認為：冥想可以使人的身心靈適度放鬆，並且改善失眠以及壓力過大的健康問題。身心壓力調適好也能進一步提升正面能量，避免受陰靈干擾。

　　當人們開始靜下來冥想時，一開始腦中會浮現很多雜念，這時不須多加理會，只要繼續保持平靜的狀態，感到疲倦時也可以休息暫緩，當人們經過多次練習後，就能釋放人們的身心靈，並且逐漸了解自己靈魂深處的想法和渴望，甚至可以讓身心靈和宇宙合而為一，感覺宇宙就存在於自己的內心中。

Note

冥想時可運用杜松、絲柏等精油薰香鎮靜心靈，一方面增加安定感，也可避免在冥想時受到陰靈干擾。

Part 5

附錄

土地公祭拜方法 ╱ 地基主祭拜方法 ╱ 節慶祭祖的方法 ╱ 節慶祭拜倒房祖先的方法 ╱ 遷移祖先牌位的方法 ╱ 安祖先牌位 ╱ 求平安符的方法 ╱ 求籤詩的方法 ╱ Q & A

土地公祭拜方法

· 準備供品

鮮花、水果、茶或酒三杯。

· 準備金紙

壽金、刈金、福金（也可另外增加大百壽金）、蠟燭。

祭拜步驟 Step by Step

① 把供品端到供桌上擺放整齊。

② 點蠟燭及放鮮花。

③ 焚香祭拜土地公。

④ 斟第一次酒（約六、七分滿）。

⑤ 擲筊請示土地公是否降臨。

⑥ 在香焚燒至 1/3 時，斟第二次酒（到八分滿）。

⑦ 待金紙燒盡，擲筊問神明是否用畢。

⑧ 等香燒過一半，合掌向土地公致禱，並斟第三次酒（約九分滿）。

⑨ 擲筊請示土地公是否用餐完畢。

⑩ 得到聖筊後，雙手捧金紙向土地公鞠躬。

⑪ 將金紙拿到金爐燒化，並將酒灑在燒化的金紙上。

Note

若是營造、建築，在祭拜土地公後，須以鏟子在奠基上代表性的鏟土，
典禮結束後，燃放鞭炮代表慶祝好事。

地基主祭拜方法

· 準備供品

飯菜（白飯、菜、魚、豬肉、雞腿、湯等全熟的家常菜餚）、茶或酒三杯。

· 準備金紙

刈金、大銀、更衣、蠟燭。

· 準備器具

矮桌、筷子、湯匙、香爐（可用米杯代替）。

· 供品的擺法

1. 將香爐放在矮桌上，在酒杯裡倒酒或茶，放在香爐前方。

2. 餐具和飯、菜、湯等供品全部擺在矮桌上。

Note

祭拜地基主時，可在廚房或後門的門口處，面朝大廳祭拜。

祭拜步驟 Step by Step

① 將餐具、供品端到矮桌上擺放整齊。

② 點三炷 1.3 吋的香，左手拿香、右手拿筊。

③ 呼請地基主：「呼請＿＿＿＿＿＿＿（地址）的地基主前來到位，如到位請賜一個聖筊！」

④ 擲筊，擲到聖筊後，把香插在香爐裡。

⑤ 拿起筊，唸禱詞：「請地基主保祐我們全家大小居住此宅一切平安、萬事如意，答應的話請賜一聖筊！」唸完禱詞後擲筊。

⑥ 等香快燒完時，拿起筊，向地基主說要燒化金銀財寶給祂，請祂跟隨你去領收。

⑦ 擲筊，擲到聖筊後，就拔起燒完的香（香尾），與金紙一起拿到金爐燒化。

⑧ 要燒化金紙前須説出：「請＿＿＿＿＿＿（地址）的地基主前來領收我燒化的金銀財寶。」説完後就可以開始燒化金紙。

⑨ 儀式完成要擲筊請問地基主是否有收到金銀財寶，確認地基主有收到後，再將供品撤下。

▍節慶祭祖的方法

· 準備供品

　鮮花、飯菜、水果、茶或酒七杯，以及該節慶的代表食物。

· 準備金紙

　刈金、大銀、更衣、蠟燭。

祭拜步驟 Step by Step

① 中午前，將筷子和酒杯成對擺放，碗疊放在一旁，並將供品、金紙擺放到供桌上。

② 點上蠟燭。

③ 向祖先牌位獻上清茶或酒。

④ 點 1.3 吋的香一炷或三炷，並念禱詞，祈求保佑。

⑤ 待香燒至 1/2 後，雙手捧金紙敬拜祖先。

⑥ 將金紙點燃，放進金爐中。

⑦ 待金紙燒盡，將供奉的清茶或酒灑在燒化的金紙上。

⑧ 最後，撤下供桌上的供品即可。

Note

在準備節慶時祭拜祖先的供品時，須準備該節慶的代表供品，以端午節為例，當天須準備粽子祭拜祖先。（註：詳細供品準備須知，可參考《拜拜必備寶典》。）

節慶祭拜倒房祖先的方法

· 準備供品

　　鮮花、飯菜、水果、茶或酒七杯，以及該節慶的代表食物。

· 準備金紙

　　刈金、大銀、更衣、蠟燭。

祭拜步驟 Step by Step

① 由家長點三炷 1.6 吋的香。（註：除敬拜神明的香為1.6吋外，其餘祭祀皆用1.3吋。）

② 承步驟 2，家長請家中供奉的主神，邀請倒房祖先與家中供奉的祖先一同吃飯。

③ 向祖先牌位獻上清茶或酒。

④ 承步驟 3，由家長向祖先牌位敬拜，並稟報自己是第幾代子孫，以及自己的姓名，再說出祭拜祖先的禱詞。

⑤ 承步驟 4，由家中其他成員持香向祖先敬拜，並稟報姓名，說祭拜祖先的禱詞，再上香。

⑥ 承步驟 5，斟第一次酒。

⑦ 承步驟 6，待香燒至 1/2 後，再次點 1.3 吋香三炷，再斟第二次酒。（註：第二次可由家中一位成員代表上香。）

⑧ 承步驟 7，待第二次點上的香燒至 1/2 後，再點上 1.3 吋香三炷，再斟第三次酒。（註：第三次可由家中一位成員代表上香、斟酒。）

⑨ 承步驟 8，將金紙點燃，放置在金爐中。第二次可由家中一位成員代表上香。）

⑩ 祖先吃完飯後，再請家中供奉的主神作主，請倒房祖先離開，回到原本佇留的地方。

⑪ 最後，收拾供品即可。

▌遷移祖先牌位的方法

· 準備物品

　謝籃、黑雨傘、刈金、大銀、紅線。

祭拜步驟 Step by Step

① 計算搬入新家的時辰以及車程時間。

② 在預定遷移的吉日前兩、三天早上，向祖先點香請安。（註：可以參考農民曆選擇吉日吉時。）

③ 向祖先稟報遷移的時間，以及將要遷移到什麼地方。（註：必須明確說出地址。）

④ 當天要遷移牌位之前，取謝籃，將刈金鋪在謝籃裡面。

⑤ 點 1.3 吋的香三炷，並向祖先牌位稟報現在要搬家，請祖先一同前往。

⑥ 先將點燃的香放在旁邊，用雙手請下祖先牌位，再將牌位放入謝籃內。
（註：一般由家中長孫或男性，用雙手捧請祖先牌位。）

⑦ 以紅線將牌位左右固定，使牌位不會晃動。

⑧ 用雙手請下香爐，放在謝籃內。

⑨ 取已點燃的三炷香。

⑩ 向祖先牌位敬拜，稟報將啟程往新居，請祖先和我們一同前去。

⑪ 當祖先牌位要出門時，須以黑色雨傘遮擋陽光，不可照射到陽光，若是從地下室離開舊居，則不用撐傘。

⑫ 要上車時，也要請祖先一同上車。（註：祖先牌位在車上也不可照射到陽光。）

⑬ 在遷移的路途中，行經橋梁、河川前，都須向祖先說明：「現在要過橋或是過河，請祖先跟著我們。」

⑭ 到達新居下車前，必須對祖先說：「現在要下車了，請祖先和我們一起下車。」並且撐起黑色雨傘，不可讓陽光照射到牌位。

⑮ 要進入新居前，必須對祖先說：「現在要進入新居，請祖先一同前往。」

⑯ 點 1.3 吋的香三炷，敬拜祖先三拜後，再對祖先稟報現在已到新居即可。

Note

抵達新居後，若當天不是吉日，則要另找一天安祖先牌位。

▊ 安祖先牌位

· 準備供品

　三碗甜湯圓、發粿、鮮花、水果、茶或水七杯。

· 準備金紙

　刈金、大銀、更衣、蠟燭。

祭拜步驟 Step by Step

① 先選擇安置祖先牌位的吉日吉時。

② 安置祖先牌位。（註：如有安神位，祖先牌位不可高於神像，或放置在神明爐前。）

③ 安置祖先爐。

④ 安置佛燈並點上佛燈。

⑤ 安置燭台、敬杯並奉茶。

⑥ 取出煮熟的三牲或其他供品。（註：牌位和金紙、供品的供奉位置由內而外放置。）

⑦ 放置碗筷。

⑧ 祖先牌位、供品及金紙都安置完成後，主人點 1.3 吋香七炷，念禱詞。

⑨ 待香燒至 2/3，雙手捧金紙敬拜後，依照刈金、大銀、更衣的次序燒金紙。

⑩ 祖先牌位安置完成後，三日內必須續點香燭，不宜中斷。（註：由主人點1.3吋香七炷祭拜。）

▌求平安符的方法

① 須先祭拜廟宇的神明。

② 取大小相近的筊杯，左右各一個，
　將筊杯的平面合在一起。

③ 站在主殿香爐前，小聲地向神明說出自己的名字，農曆出生年月日，以
　及現居地地址。

④ 小聲地向神明說出自己為什麼須要求平安符，並跟神明說如果願意賜予
　平安符，請給三個聖筊。（註：筊杯擲到地上，須呈一反一正，而且連續三次，
　任何一次呈兩正或兩反，都表示不賜予平安符。）

⑤ 擲到三個聖筊後，向廟方領取平安符。

⑥ 將平安符到宮廟的主爐順時鐘繞三圈過香火後，即可佩戴。

求籤詩的方法

① 須先祭拜廟宇的神明。

② 取大小相近的筊杯，左右各一個，
　將筊杯的平面合在一起。

③ 站在主殿香爐前，小聲地向神明說出自己的名字，農曆出生年月日，以
　及現居地地址。

④ 小聲地向神明說出自己為什麼須要求籤詩，並跟神明說如果願意賜予籤
　詩，請給一個聖筊。

⑤ 如果有擲出聖筊，即可至籤筒取籤。

⑥ 從籤筒抽籤後，記住抽到籤的號碼，並擲三個聖筊確認是否為這支籤。

⑦ 擲到三個聖筊後，即可領取籤詩。

Q&A

01

三界是什麼？

三界分為天界、地界、人界，分別為神明、靈魂和生物體居住的地方。

名稱	說明
天界	神明居住的地方。
地界	靈魂居住的地方。
人界	生命體居住的地方。

02

磁場是什麼？

在人的周圍都圍繞著磁場，而磁場一般會維持正面能量，當人體的正面能量夠強大，負面能量（陰、煞）就不易干擾人們；但如果人們的正面能量減弱，相對來說，就容易受到負面能量的影響，使人們卡到陰或受到煞氣干擾。

人體的七大脈輪是什麼？

03

人體的七大脈輪是由自己的頭頂沿著脊椎一直到尾椎，分布在不同的位置。

名稱	職掌
海底輪	主掌著人的生命力、生存意志和欲望，以及穩定感、安全感。
臍輪	主掌著人的情感、信任感及性欲。
太陽神經叢	主掌著勇氣、自信和身體的爆發力。
心輪	主掌著同理心及愛人與被愛的能力。
喉輪	主掌溝通、說服力等自我表達能力。
眉心輪	主掌直覺、第六感及辨識能力。
頂輪	主掌精神和自然、宇宙連結。

04 為什麼人界會有陰靈？

長時間停留在人界的靈魂，大多數是對生前的人、事、物仍有放不下的執念，這種執念包括對親友的牽掛，生前未完的遺願，及對他人的怨恨等，但除了執念外，也有因為無法接受死亡等原因，讓祂們繼續停留在人界。

為什麼會卡到陰？ 05

主要是人們的心念、磁場及過去的因果與陰靈有所連結，如果人們的情緒或心念與陰靈的執念產生共鳴，磁場就會和陰靈產生連結，甚至會因此受到陰靈侵擾，對身體造成負面影響。

06 為什麼會沖到煞？

煞氣是由環境、氣候等外在因素產生的負面能量，如果人們剛好進入到充滿煞氣的環境，就有可能使心靈突然受到瞬間的衝擊，讓呼吸急促、混亂而引起身心靈失衡，進而使人們感到極度不適。

什麼是煞氣？ 07

煞氣是由原本協調的環境中出現不協調的磁場，但煞其實沒有區分好或是不好的能量，只要是違反常態的空間，且讓身體受到極大的衝擊時，就有可能讓人沖到煞。

沖到煞，會有什麼影響？

沖煞有可能在短時間內使人感到身體不適，頭腦昏沉，內心不安，運勢低落等，若看醫生沒有改善，可請專業且正派的神職人員協助處理。

煞氣產生的原因？

煞氣有因環境、節氣、婚禮、殯喪等原因產生，但皆是因為原先協調的環境，產生不協調的磁場，所以才會出現煞氣。

什麼是陰靈？

在生命結束後會轉化為能量體的形態，就是所謂的靈魂，而靈魂長期滯留在人界，這種靈魂就是陰靈，當人們情緒低落或是身體虛弱時，磁場會變得比較微弱，就有可能使陰靈長期卡在人們身上，進而產生負面的影響。

陰和煞有什麼不同？

陰和煞主要是影響人體的因素不同，如下表。

名稱	說明
陰	主要為陰靈，為對人界懷有執念的靈魂，當人們跟陰靈的磁場接近時，就有可能受到侵擾。
煞	主要為環境、節氣等因素產生不協調的磁場，也就是煞氣，當人們的體況不佳，或是剛好到充滿煞氣的環境時，就有可能沖到煞。

卡到陰會有什麼原因？

受到陰靈侵擾的原因，每個人各不相同，不管是因為冤親債主，或是動物靈、祖先靈、修行方法錯誤、本身是敏感體質等原因卡到陰，都會對自己的身體產生負面的影響。

心情不好會卡到陰？

因為如果人長期處在憤怒、嫉妒等極度負面的情緒時，本身的磁場和頻率就比較容易和陰靈接近，進而影響人們的生活。

身體虛弱時，會比較容易受到陰靈侵擾？

當人們的身體狀態不好，如：生病或生理期等原因使身體狀況不佳時，磁場會比平常弱，使得陰靈有機會接近並干擾自己。

陰靈較容易出現的地點有哪些？

通常會在人煙稀少，光線陰暗的空間中出現，也有可能聚集在深山、河流、海邊等荒郊野外，又或者佇足在醫院、凶宅或事故現場等生前往生的地方，以及殯儀館、火葬場等安置往生者的場所。

農曆七月會比較多陰靈嗎？

相傳農曆七月是鬼門開，為地界的陰靈會來到人界的時間，在該月只要陰靈沒有觸犯與人類之間的分際，神明也就不會驅逐懲罰，這時候各地的陰靈自然會變多。

17 　　　　　　　　　　　　　　靈逼體是什麼？

　　靈逼體又稱為靈光病，是指當靈魂想要修行，身體卻沒有進行修練，而造成身體不適，到醫院檢查卻找不出原因改善症狀，使自己逐漸變得脾氣暴躁，甚至諸事不順。

求平安符可以避免受陰靈侵擾嗎？　　　　　　18

　　若是出門在外擔心自己卡到陰，可到正廟向神明請求賜予平安符，就能避免偶然卡到陰。

19 　　　　　　　　　　如果常受到陰靈侵擾怎麼辦？

　　可以先藉由提升自己的能量，保持穩定健康的身心靈狀態等，能避免負面能量長期停留在自己身上。

鹽米法是什麼？　　　　　　　　　　　20

　　以鹽和米，加上調和陰陽的陰陽水（熱水加冷水），藉此淨化自己或環境的磁場。

21 　　　　　　　　　　　怎麼用艾草淨化磁場？

　　可以燒艾草外，也可取以艾草製成的艾絨（艾草曬乾後搗製而成），以薰香的方式淨化空間，以達到淨化負面磁場的效果。

怎麼用靈擺淨化磁場？

透過靈擺的正向、負向、前後等擺動方式，可以運用靈擺檢測自己的磁場能量，也可以用來淨化自己周圍的負面能量。

鹽燈可以淨化磁場？

在室內擺放鹽燈，除了可以淨化磁場外，也具備吸收濕氣，改善個人情緒等功用，而鹽燈的體積大小，會和淨化的空間範圍有關，若須調節的空間愈大，就會需要愈大的鹽燈。

怎麼用光屋淨化磁場？

一般購買到的光屋多是濃縮液，所以在使用時，可以先準備噴霧式空瓶，再滴 2 ～ 3 滴光屋，並裝水稀釋後，再噴灑在需要淨化的空間，以維持環境的正能量。

淨化磁場有什麼注意事項嗎？

在淨化前要將全部的窗戶、門，以及衣櫃打開，並在淨化時跟地基主說：「現在要開始淨化空間，請地基主退開。」以免傷到地基主。

淨化時，從房內角落、衣櫃、廁所等空間往大門外淨化，並在淨化完成後，再將窗戶及門關起。

妙清居士 著

解陰 避煞

人生不再煞氣重重！

書　　名　解陰 X 避煞全指南：人生不再煞氣重重
作　　者　妙清居士
編　　輯　譽緻國際美學企業社 · 莊旻嬑
責任主編　譽緻國際美學企業社 · 盧樶云
封面設計　洪瑞伯
內頁美編　譽緻國際美學企業社 · 羅光宇

發 行 人　程顯灝
總 編 輯　盧美娜
美術編輯　博威廣告
製作設計　國義傳播
發 行 部　侯莉莉
財 務 部　許麗娟
印　　務　許丁財
法律顧問　樸泰國際法律事務所許家華律師

藝文空間　三友藝文複合空間
地　　址　台北市大安區安和路二段 213 號 9 樓
電　　話　（02）2377-1163

出 版 者　四塊玉文創有限公司
總 代 理　三友圖書有限公司
地　　址　106 台北市安和路 2 段 213 號 9 樓
電　　話　（02）2377-1163、（02）2377-4155
傳　　眞　（02）2377-1213、（02）2377-4355
E-mail　　service@sanyau.com.tw
郵政劃撥　05844889　三友圖書有限公司

總 經 銷　大和書報圖書股份有限公司
地　　址　新北市新莊區五工五路 2 號
電　　話　（02）8990-2588
傳　　眞　（02）2299-7900

初　　版　2023 年 9 月
定　　價　新臺幣 368 元
ＩＳＢＮ　978-626-7096-47-5（平裝）
◎ 版權所有 · 翻印必究
◎ 書若有破損缺頁，請寄回本社更換

國家圖書館出版品預行編目（CIP）資料

解陰X避煞全指南：人生不再煞氣重重/妙清居士
作. -- 初版. -- 臺北市：四塊玉文創有限公司,
2023.09
　　面；　公分
　　ISBN 978-626-7096-47-5(平裝)

1.CST: 改運法

295.7　　　　　　　　　　　　　112012044

三友官網

三友 Line@